国外马克思主义政治经济学译丛

任保平 康蓉 主编

科技部、教育部“高等学校学科创新引智计划”（111计划）“国外马克思主义经济学与中国特色社会主义政治经济学学科创新引智基地”资助项目

通胀度量的政治经济学

——基于法国案例的分析

A Political Economy of the Measurement of Inflation

The case of France

[法国] 弗洛朗丝·雅尼-卡特里斯 (Florence Jany-Catrice) / 著

易春芳 / 译

中国经济出版社
CHINA ECONOMIC PUBLISHING HOUSE
·北 京·

图书在版编目（CIP）数据

通胀度量的政治经济学：基于法国案例的分析/（法）弗洛朗丝·雅尼－卡特里斯著；易春芳译. --北京：中国经济出版社，2023.5

ISBN 978－7－5136－7329－7

Ⅰ.①通… Ⅱ.①弗… ②易… Ⅲ.①政治经济学 Ⅳ.①F0

中国国家版本馆 CIP 数据核字（2023）第 092614 号

感谢原出版方 Éditions La Découverte 授权出版。

北京市版权局著作权合同登记号：图字 01－2022－5989 号

责任编辑 贺　静
责任印制 马小宾
封面设计 任燕飞工作室

出版发行 中国经济出版社
印 刷 者 北京科信印刷有限公司
经 销 者 各地新华书店
开　　本 710mm×1000mm　1/16
印　　张 11.25
字　　数 145 千字
版　　次 2023 年 5 月第 1 版
印　　次 2023 年 5 月第 1 次
定　　价 98.00 元
广告经营许可证 京西工商广字第 8179 号

中国经济出版社 **网址** www.economyph.com **社址** 北京市东城区安定门外大街 58 号 **邮编** 100011
本版图书如存在印装质量问题，请与本社销售中心联系调换（联系电话：010－57512564）

借鉴国外马克思主义政治经济学研究中国特色社会主义政治经济学

任保平

二战以后，针对当代资本主义的新变化，国外马克思主义政治经济学者对当代资本主义进行了系统研究。20 世纪 60 年代中期以后，随着资本主义“长期繁荣”迹象的终结，西方马克思主义政治经济学研究呈现出再度复兴的趋势。2008 年全球金融危机爆发后，国外出现了一股《资本论》研究热，一些对主流经济学教条不满的经济学家重新对马克思的相对贫困、不平衡发展、产业后备军、虚拟资本、资本过剩等概念进行了研究。因此，系统梳理和评析当代国外马克思主义政治经济学的研究成果，研究马克思主义政治经济学创新发展的规律，对于中国特色社会主义政治经济学的研究具有重要意义。

一、国外马克思主义政治经济学研究的演变

二战后，西方发达资本主义国家不仅没有出现预想的危机，反而进入了“长期繁荣”，引起了国外马克思主义者对其整个政治经济学进行重新审视，开始研究当代资本主义的新变化。这一时期，如何看待劳动价值论和利润率下降规律等马克思主义政治经济学基本理论，以及当代资本主义发展趋势等问题，成为二战以后到 20 世纪 60 年代中期国外马克思主义政

治经济学研究的主题。欧内斯特·曼德尔（Ernest Mandel）于1962年出版的《马克思主义经济理论》和1964年出版的《马克思主义经济理论导论》，保罗·巴兰（Paul Alexander Baran）于1952年出版的《论落后问题的政治经济学》和1957年出版的《增长的政治经济学》，都是这一时期的研究成果。

20世纪60年代中期以后，以福特制生产方式为基础的组织化资本主义转向以弹性生产方式为基础的后组织化资本主义，资本主义"长期繁荣"出现终结迹象，西方马克思主义政治经济学研究呈现出再度复兴和更加多样化的发展态势。在这一时期，马克思主义政治经济学基本理论、资本主义发展趋势、不发达经济等前期主要论题得到了更加深入的研究，同时，马克思主义经济理论研究的各种流派不断涌现。1973年詹姆斯·奥康纳（James O' Connor）出版了《国家的财政危机》，1974年哈里·布雷弗曼（Harry Braverman）出版了《劳动与垄断资本》，曼德尔1972年出版了《晚期资本主义》和1980年出版了《资本主义的长波》，伊曼纽尔·沃勒斯坦（Immanuel Wallerstein）和萨米尔·阿明（Samir Amin）等出版的《现代世界体系》（1974）、《资本主义世界经济》（1979）以及《世界范围的积累》（1974）等，都是这一时期的研究成果。法国以米歇尔·阿格里塔（Michel Aglietta）、阿兰·利比茨（Alain Lipietz）等为代表的"调节学派"也在这一时期兴起。

20世纪90年代以后，随着冷战的结束和经济全球化的不断推进，以及社会主义国家的市场经济实践，对全球资本主义、新自由主义、新帝国主义的分析批判以及对社会主义模式的研究构成了这一时期国外马克思主义政治经济学研究的主要问题。阿明的《全球化的挑战》（1996）和《资本主义的幽灵》（1999年）、伊藤诚（Makato Itoh）和考斯达斯·拉帕维查斯（Costas Lapavitsas）的《货币金融政治经济学》、戴维·佩珀（David Pepper）的《生态社会主义——从深层生态学到社会主义》（1993）、约翰·贝拉米·福斯特（John Bellamy Foster）的《马克思的生态学：唯物主义与自然》（2000），以及大卫·哈维（David Harvy）的《新帝国主义论》（2005）与艾伦·梅克辛斯·伍德（Ellen Meiksins Wood）的《资本的帝国》（2005），都是这一期的代表性成果。

2008年世界经济危机以来，国外马克思主义政治经济学研究的热潮开始出现，这一时期的主要研究内容为马克思主义政治经济学的当代价值，推进了剥削理论、阶级理论、资本积累理论、社会再生产理论的研究，学者们围绕新自由主义批判、金融化问题、资本主义生态危机和帝国主义问题展开了研究。新冠疫情进一步加剧了当代资本主义的系统性危机，在此背景下，国外马克思主义政治经济学学者始终以现实问题为导向，回归马克思主义政治经济学经典理论，研究全球经济问题。

二、国外马克思主义政治经济学对中国特色社会主义政治经济学研究的借鉴与启示

国外马克思主义政治经济学学者坚持以现实问题为导向，坚持马克思主义政治经济学经典理论，坚持了理论研究与现实问题研究的统一，对于中国特色社会主义政治经济学研究具有借鉴意义。我国经济发展进入新阶段，2015年11月，习近平总书记在主持中共中央政治局第二十八次集体学习时强调，要立足我国国情和我国发展实践，揭示新特点新规律，提炼和总结我国经济发展实践的规律性成果，把实践经验上升为系统化的经济学说，不断开拓当代中国马克思主义政治经济学新境界。在目前我们研究中国特色社会主义政治经济学、开拓马克思主义政治经济学新境界的过程中，可以从国外马克思主义政治经济学中吸收思想借鉴。

1. 坚持问题导向，研究中国经济发展的新问题新情况

国外马克思主义政治经济学依据当代资本主义的新变化，研究了资本主义经济发展的新问题。我国经济发展进入了新阶段，也出现了许多新问

题、新情况和新矛盾。借鉴国外马克思主义政治经济学，对于中国特色社会主义政治经济学研究来说，非常重要的就是对我国经济结构转变的理解，必须在分清经济结构转变过程中出现问题的不同层次和不同性质的基础上，提出相应的对策来解决问题。

2. 借鉴国外马克思主义政治经济学研究的新进展，概括总结新材料新事实

要重视对新中国经济建设特别是改革开放以来新材料新事实的研究，进而概括总结为系统化的经济学说。2013 年 6 月，习近平总书记在十八届中央政治局第七次集体学习时的讲话中强调："在对历史的深入思考中做好现实工作、更好走向未来，不断交出坚持和发展中国特色社会主义的合格答卷。"我国经济发展进入新常态，出现了许多新问题新情况，也出现了许多新的事实材料。中国特色社会主义政治经济学的创新发展需要系统概括总结这些新的事实材料，探索新常态下经济发展和经济运行的新规律，并把它们上升为当代中国马克思主义政治经济学理论。

3. 借鉴国外马克思主义政治经济学研究的新进展，提炼升华新理论新话语

理论是对现实生活的反映、对实践经验的升华，理论必然要随着实践发展而发展。中国特色社会主义政治经济学的创新发展要在坚持马克思主义政治经济学基本原理的基础上，依据马克思主义政治经济学与时俱进的特征，依据不断发展变化的经济实践，推动当代中国马克思主义政治经济学创新发展。依据新问题、新情况、新矛盾和新事实，不断提炼形成新的当代中国马克思主义政治经济学理论。从中国经济改革、发展和运行的事实中概括出具有中国特色、体现时代特点和世界发展趋势的马克思主义政治经济学的概念、范畴、论断和基本规律，并能形成同世界对话的政治经济学理论体系和话语体系。

三、国外马克思主义政治经济学译丛的形成

2013 年，法国调节学派的创始人之一罗伯特·博耶（Robert Boyer）教授来西北大学经济管理学院讲学，做了三场报告，在此次学术交流中，我们发现了法国调节学派的理论价值。次年法国调节学派的会议在巴黎召开，国内许多政治经济学研究者和马克思主义研究者参加了大会，我和康蓉老师也投了稿，文章入选了大会，但是我由于其他事务的耽误未能成行，康蓉老师代替我参加了会议，并作了大会发言。从此，我们就和法国调节学派建立了联系。

罗伯特·博耶教授退休以后，他介绍法国里尔一大的弗洛朗丝·雅尼－卡特里斯（Florence Jany－Catrice）教授和我们联系。2016 年，我们通过国家外专局聘任弗洛朗丝·雅尼－卡特里斯教授为我院的专家，在我院做了三次讲座，在讲座期间聘任她为我院的兼职教授，我和她就调节学派和中国特色社会主义政治经济学的相关问题进行了对话，其间她送了自己的三部著作给我，我读了以后深受启发，萌生了翻译的想法，于是委托康蓉老师联系翻译事宜，经过紧张的工作，完成了“法国调节学派学术译丛”的出版，首先出版了弗洛朗丝·雅尼－卡特里斯教授的《财富新指标》《总体绩效：资本主义新精神?》《经济增长值得期待吗?》三部著作，这三部著作翻译出版以后，在国内产生了比较大的影响，许多马克思主义政治经济学的学者鼓励我们继续进行翻译和介绍。与此同时，弗洛朗丝·雅尼－卡特里斯教授又给我们介绍了三部著作：罗伯特·博耶教授的《资本主义政治经济学：调节与危机理论》、贝尔纳·沙旺斯的《制度经济学》、皮埃尔·阿拉里等的《法国货币理论文选汇编》，我们发现这些书的内容非常好，于是在原来三部的基础上，把“法国调节学派学术译丛”扩大到六部。

2019 年，在我牵头下，西北大学经济管理学院与教育部人文社会科学

重点研究基地成功获批了科技部、教育部“高等学校学科创新引智计划”（111 计划）“国外马克思主义与中国特色社会主义政治经济学学科创新引智基地”，这个基地就是以法国调节学派的学术译丛和 2013 年以来与法国调节学派的学术联系为基础而建立的。同时，弗洛朗丝·雅尼－卡特里斯教授又给我们介绍了四部研究 2008 年世界金融危机的政治经济学著作，围绕 111 引智基地建设，形成了“国外马克思主义政治经济学译丛”，本套丛书包括《危机中的希腊资本主义———以马克思主义视角分析》《危机理论和西班牙经济大衰退》《通胀度量的政治经济学：基于法国案例的分析》和《化石资本：蒸汽动力的崛起与全球变暖的根源》。

四、《通胀度量的政治经济学：基于法国案例的分析》译介

《通胀度量的政治经济学：基于法国案例的分析》一书是“国外马克思主义政治经济学译丛”中的一部，是法国调节学派三大分支之一——“政治经济流派”代表人物弗洛朗丝·雅尼－卡特里斯教授的著作，她现任法国里尔大学（曾为法国里尔一大）经济学教授、里尔大学社会经济研究中心主任、法国政治经济学学会会长。《通胀度量的政治经济学：基于法国案例的分析》是雅尼教授近期代表性著作之一。全书主要研究法国对通货膨胀的度量问题，书名中用政治经济学的原因是作者认为通货膨胀度量不是纯粹的经济现象，不是简单的统计指标上的公约，而是受到政治关系和社会关系互动的影响，尤其 CPI 指数是政府进行经济调节的工具。官方宏观经济统计数据指标，尤其是 CPI 以及国内生产总值、失业率和债务，都受到政治因素的影响，这种影响体现在指标的构成条件和用途上。但是这种政治经济学已经不是原本马克思意义上的政治经济学，这体现出弗洛朗斯·雅尼－卡特里斯作为新一代调节学派的代表人物，已经不像第一代调节学派那样与马克思政治经济学有着非常紧密的逻辑关系。

《通胀度量的政治经济学：基于法国案例的分析》全书共 7 章，第 1

章从统计学的视角解释物价指数在强大政治压力下经常变动的情况，以及由此引发的诸多争论。主要介绍了物价指数的统计原理中的基本指数与汇总问题，如 19 世纪末经济学思想中的所谓边际革命之后的各种计量指数，包括拉斯佩尔、帕舍、费雪价格指数等。同时分析了各类综合指数所缺少的特性，并介绍了在统计学理论和实践中应用物价指数、物价指数的构成以及 CPI 随时间的演变。第 2 章是物价指数的政治经济学（1913—1990 年）。回顾了 1950—1970 年的物价指数政策，以各种各样的政治压力为特征，研究了这一时期所形成的各种指数的演变。重点介绍了法国物价指数连续进行的各种改革，以及见证了些伟大的历史变革的八代物价指数的演变。同时研究了这一时期随着工资指数化政策推行而围绕物价指数展开的一系列争论。第 3 章是欧洲的转折点。主要研究向欧元过渡期间的物价指数、马斯特里赫特标准的引入。过渡到欧元体系后，法国的政治和经济环境得到了改变，民众对通胀的感知与官方通胀率之间存在差距，度量单位本身的重要性得到了显现。因此本章也研究了通胀感知度量方面的进展。第 4 章是质量效应。以产品质量问题为例，研究质量的统计问题。本，以影响深远的博斯金报告为起点，审视了 20 世纪 50 年代末美国一些经济学家为物价指数配备的源自微观经济学的消费者理论框架，研究了质量的客观化度量中的各种解释与建模。第 5 章是从消费者物价到“生活成本”。审视了基于一系列常规商品和服务的物价指数和生活成本指数之间的冲突。第 6 章是“结账数据”改革。主要研究在追溯结账数据的改革历程中，重点是在构建 CPI 的过程中公共和私人领域界限产生的变动。第 7 章是低估还是高估了通货膨胀。本章提出了贯穿全书的问题：CPI 是被低估还是被高估了。本章集中讨论关于通货膨胀被过低或过高估计的争论，研究出现“通货膨胀被高估”这一论断的各种条件。

本书值得我们在中国特色社会主义政治经济学研究中借鉴的方面有：一是经济变量的度量问题。经济学是一门社会科学，社会科学与人文学科最大的区别就是概念、变量的可度量性。在古典经济学时期，经济学就有重视统计数据的传统，威廉·配第是政治经济学之父，也是统计学之父，是世界上第一个把统计学引入经济学的经济学家，马克思在政治经济学研究中也非常重视统计。本书对通货膨胀的度量及其改革的理论与实践进行了梳理，书中用经济学与统计学相结合的方法来研究通货膨胀的度量，值得我们借鉴。二是从政治与经济相互影响的角度研究通货膨胀的度量问题。例如，作者在书中写到“物价指数的政治经济学提醒我们（如果有必要这样提醒的话），官方统计数字都是社会政治妥协的结果，统计数字的产生不可避免地会带来大量相互矛盾的解释。临时措施是官方统计数据的固有组成部分，帮助大家在不断变化的世界中保持稳定，这与宏观经济产出的自然严谨形成鲜明对比，尽管宏观经济指数是数据直接统计的结果”。三是对质量的客观化度量。将质量纳入价格变化度量的各种统计方法与建模中，对于我国目前的高质量发展问题研究具有借鉴意义。

《通胀度量的政治经济学：基于法国案例的分析》一书是111引智基地“国外马克思主义政治经济学与中国特色社会主义政治经济学”的阶段性引智成果，该书的翻译，感谢弗洛朗丝·雅尼－卡特里斯教授与我们的合作，她在版权授权方面做了积极的努力。感谢西北大学经济管理学院副院长康蓉副教授在我们与调节学派的联系方面所做的辛勤工作。同时感谢西北大学科研处、社科处、学科办、外事处以及教育部人文社会科学重点研究基地——西北大学中国西部经济发展研究中心在各项工作中的支持。而且感谢中国经济出版社贺静编辑的辛勤工作。

前言 | A POLITICAL ECONOMY OF THE MEASUREMENT OF INFLATION THE CASE OF FRANCE ①

20世纪80年代后半期，法国的通货膨胀率明显下降。1980—1985年，法国年均通货膨胀率是9.6%，而在1985—1990年下降到3.1%。尽管如此，经济学家让-保罗·皮里乌（Jean-Paul Piriou）在其著作《物价指数》（1983年初版，1992年再版）一书中还是将法国的价格度量描述为“爆炸性话题”（同上：6），也是大众媒体里常见的“头条新闻”和“经济议论的热点”（同上：3）。

2020年，同样的悖论依然存在。虽然法国的通胀率趋于稳定，但是学界依然围绕如何通过使用统计方法度量通胀率展开了热烈的讨论。消费者物价指数（CPI）是法国常用的通胀度量指数，法国国家统计局（INSEE）官方网站的访问量经常占据公众网络访问量排名榜首，而且自从几大中央银行为维持低通胀水平采取相关金融政策之后，公众也开始密切关注CPI。

消费者物价指数为何如此受人关注？因为对于经济主体来说，物价指数构成了“价值的表达”。个人工资或某一行业劳动者的购买力增强了吗？当前的货币是在增值还是贬值？转移性收入会增加还是减少？经济（由实际国内生产总值增长率比对物价指数来度量）处于上行阶段吗？围绕宏观经济数据度量的争端经常牵涉到相关理论的争议，其中也包括价值理论。

---

① 本书原版为法文著作，英文版译者为安德鲁·威尔逊（Andrew Wilson）。

这些问题曾在统计学界引起小范围讨论，并时时因其敏感性触发公众论点。

数据构建

正如所有的宏观经济指数一样，物价指数经常会有不同的阐释。第一种阐释将物价指数记作一个具有普适性特征的固定值。这种简单的看法遮蔽了严格度量物价指数时所能体现出来的“令人生畏”的问题（瓦诺利，2002；图坦，1996；科伊尔，2014）。这类阐释还会为学术研究和经济政策的施行提供一些暂时的便利，让统计学家忙于指数的技术改进，让经济学家对统计学家的指数进行理论阐释，最终决策者采取一定措施来降低通胀率。

然而这种阐释带有一定风险。它没有充分重视围绕生活成本与通胀率的概念与度量所引起的争议与冲突，而这些冲突最终可能会爆发出来。物价指数与生活成本指数一样，都集合了消费者指数的大体演变趋势，但其表现形式却并不直观。

第二种阐释较为客观地看待矛盾、争议以及物价指数度量的常规方法。这是本书采取的立场。它要求我们严肃地对待物价指数所涉及的范围与权重问题，以及应对“篮子”产品变化的方法，包括引进新产品、替代产品和质量影响的评估，这都是许多经济学家讨论和处理的问题。为了让读者重新理解关于物价变化度量的核心问题，我们并不准备毫无理由地打开度量的“黑匣子”。相反，我们正在鼓励这样一种解释，即宏观经济统计数据——与他们所认同的自然过程相反——是“强烈的社会化过程”的结果（奥尔琳，2004：31；波特，1995）。通过这样做我们强调，近年来问题出现时带来的风险已经完全自然化且与政治脱钩。毕竟当我们试图确定生产系统是否服务于为之做出贡献的人们的利益、是否在改善他们的生活质量时，所处理的是一个社会问题。CPI 是回答该问题的关键指标之一，但显然不是唯一的指标。

因此在法国，这一复合度量方式演变进程中出现的许多争议实质上属于政治经济学范畴。它们反映了许多不同层面的变化：经济事务的欧洲化导致了当代经济史的变化；特定社会政治关系，即政府所维持的诸如经济增长、生产力和通胀率等宏观经济指标的变化；微观经济理论中消费者行为理论与功利主义框架发展所带来的理论体系的变化。这些消费者行为理论为 CPI 度量方法的持续改革提供了灵感。在这些理论中，市场成为生产“真正”价值的合法空间。政治家和媒体对这一变化的慷慨支持加强了这一认识，而变革的终极驱动力是法国国家统计局执着追求的目标——公信力。

本书大纲

本书以法国官方公布的 CPI 数据为基础，分析其度量与使用的内部惯例，以及由此引起的或激烈表现出来的或隐性存在的相关争论。本书探寻诸多争论背后的数据逻辑，揭示 CPI 如何映射出各经济学流派的思想和各类经济行为，以及各经济学流派的思想和各类经济行为如何对 CPI 产生影响。

第 1 章从统计学的角度解释 CPI 在强大政治压力下经常发生变动的原因，以及由此引发的诸多争论。对数据统计不熟悉的读者可以直接跳过本章。

第 2 章回顾福特时期（1945—1970 年）的 CPI 数据，这一时期以各种各样的政治压力为特征，并以突发事件结束，当时隶属于共产党的主要工会——法国总工会（Confédération Générale du Travail，CGT）发表了一份替代指标（1972—1998 年）。

第 3 章介绍这些早期历史阶段结束时，欧洲经历的重大转折。马斯特里赫特标准（Maastricht Criteria）的引入，以及其后过渡到欧元体系，不仅改变了政治和经济环境，而且随着调和消费者物价指数（HICP）的引入以及欧盟统计局（Eurostat）所扮演角色日显重要，度量单位本身的重要性也得到了凸显。新自由主义思想在美国出现，激发了对欧洲一体化和主流思想传播的再次关注，最终导致了对与市场直接关联但却无法捕捉市场消费与生产有效动向的度量原则的质疑。

第 4 章以产品质量问题为例，重新把注意力集中在维尔弗雷多·帕累托（Wilfrid Pareto）已经强调的个人偏好和效用的不可比较性上，这就打破了公共权威部门完全独立运作产生客观度量标准的理想。

第 5 章审视了围绕定义的冲突，特别是基于一系列常规商品和服务的物价指数和生活成本指数之间的冲突，这是与物价指数的长历史相一致的。美国的统计数据长期以来将商品成本指数（Cost Of Goods Index，COGI）与生活成本指数（Cost Of Living Index，COLI）相比较，现在已经超出了官方统计数据的范围（斯台普福德，2009）。由于 20 世纪 70 年代法国特殊的历史原因，法国国家统计局坚持至少在其通讯报道中要严格区分 CPI 和 COLI，与欧盟的情况一样。然而事实上，数据的格式、使用的技术、功利主义思想占据主导地位都是不变效用指数（生活成本指数的标准术语）可能出现的原因。

第 6 章的目的是追溯结账数据的改革，重点是在构建 CPI 的过程中，公共领域和私人领域界限的变化。此处的论点是，近年来在使用结账数据方面的变化构成了公共领域重用私有数据的现代表达。

第 7 章提出了贯穿全书的问题：CPI 是被“低”估还是“高”估了？

我非常感谢法国国家统计局的管理人员和统计人员以及工会成员，他们中的一些人非常慷慨地同意在研究过程中接受采访，本书部分研究成果就是基于这些实地调查。在他们的帮助下本书才得以出版，我真诚地希望能够对那些围绕物价指数生命周期的争论、实验和怀疑给予充分描述。它们不仅反映了该指数的社会政治本质，而且从根本上也反映了国家的社会经济政治生活。

参考文献

[1]黛安娜·科伊尔. 极简 GDP 史[M]. 普林斯顿:普林斯顿大学出版社,2014.

[2]奥尔琳·A. 协议的经济分析[M]. 巴黎:法兰西大学出版社,2004.

[3]皮里奥,让-保罗. 物价指数:第二版[M]. 巴黎:发现出版社, 1992.

[4]西奥多·波特. 相信数字:科学与公共生活对客观性的追求[M]. 普林斯顿:普林斯顿大学出版社,1995.

[5]斯台普福德,托马斯. A. 美国的生活成本:经济统计学的政治历史(1880—2000)[M]. 剑桥:剑桥大学出版社,2009.

[6]图坦,让-克劳德. 法国国内生产总值不同估计值的比较, 或计量经济史有意义吗?[J]. 经济评论,1996,47(3):893-919.

[7]瓦诺利,安德鲁. 国民经济核算史[M]. 巴黎:发现出版社,2002:655.

目 录

A POLITICAL ECONOMY OF THE MEASUREMENT OF INFLATION THE CASE OF FRANCE

表目录

图目录

专栏目录

A POLITICAL ECONOMY OF THE MEASUREMENT OF INFLATION THE CASE OF FRANCE

1

“什么是物价指数”：统计学的考量

1.1
导言

法国国家统计与经济研究所（法国国家统计局，INSEE）成立了一支由200名物价统计调查人员组成的团队，每月通过两种主要方式采集约39万件商品（或“系列”商品）的价格。其中20万种商品价格由调查人员通过3万个销售点的分层抽样直接获取，另外19万种商品价格（法国国家统计局称之为“关税”或“费率”）由法国国家统计局使用一系列特殊的方法直接采集而成，我们稍后将对此进行讨论。这些价格最终被汇总形成消费者物价指数。

构建消费者物价指数（CPI）和进行人口普查是法国国家统计局的主要任务。物价指数发展的历史与法国国家统计局的历史紧密相连。由于调查的规模较大，且法国国家统计局一贯在统计数据方面十分严谨，其每个月的调查须消耗大量资源（法国国家统计局雇用了约200名调查人员分布在全国，还有约100名所谓物价问卷专员或物价技术员）。与欧盟的调和消费者物价指数（HICP）或GDP不同的是，法国的CPI每月公布一次且不容修改，因此对法国国家统计局的要求也更高。

自20世纪70年代末雷蒙德·巴雷（Raymond Barre）担任法国总理以来，政府通过实施货币主义经济政策逐渐将通货膨胀率控制在较低水平。尽管如此，通货膨胀率仍然是法国国家统计局网站上最常被查阅的指数之一，很多人都在使用这个指数：离婚家庭，其维持生活的最低标准须与CPI挂钩；2017年全国工资最低的10.6%的员工，其工资随CPI四分位数的变化而浮动；国家会计师和经济学家使用它来紧缩GDP以计算出经济增长率（以数量计算的GDP）；法兰西银行行长用其监控70年代以来通胀情况的方方面面。

随着20世纪30年代凯恩斯主义政策的引入，有效需求、家庭生活水平和购买力等宏观经济总量概念进入了人们的视野。受凯恩斯主义影响，物价的总体演变情况成了经济政策制定者关注的焦点问题。这一时期同时出现了宏观经济学，其主张通过操纵经济总量指标来直接管理经济（斯台普福德，2009：383；阿马特，2010）。那么，由CPI所反映的通胀率本身是如何度量的呢？

用来报告物价总体演变的统计语言如何使物价指数成为人们关注的焦点？

1.2 物价指数的统计原理：基本指数与汇总

采用综合指数度量物价总体演变的做法古已有之。既然可以通过一个指数数字来总结物价的总体变化，那么它一定不仅可以追踪与其设计目的相符的宏观经济动态的演变，也能够服务于其他相关用途，如分析支出或收入指数化与物价演变的关系。

1.2.1 基本指数

如果将消费的单个商品用字母 i 来表示，那么不难得到 $0 \sim t$ 时间段内物价的演变。例如，在2002年1月至2016年1月间，一块面包的价格从90便士涨到1.20英镑，那么我们可以说这个商品的价格上涨了33.3% [（1.20 － 0.9）/0.90]，或每年上涨约1.02%。

用统计学的方法，这种算法可以表示成：

$$\Delta pi = (\frac{pi_t - pi_0}{pi_0}) \quad (1.1)$$

那么除了上述计算单个商品如面包的价格，如何用统计学的方法计算包括衣服、耐用品以及各类服务在内的一篮子商品的价格呢？

在这种情况下，重要的不是一篮子商品的价格水平，而是它的演变情况。这就是为什么在统计学中使用基本物价指数的原因。在前面的例子中，我们可以说2016年1月的一块面包的物价指数是133.3（$1.2/0.9 = 1.333 \times 100$），2002年1月的基数是100。一般来说，根据公式（1.1），商品 i 在 $0 \sim t$ 的时间内的基本物价指数为 $I(p)_{t/0}$，或更准确地说，设时间0时基数为100，则商品 I 在时间 t 的价格是（$\Delta pi - 1$）$\times 100$，也可以表示为：

$$I(pi)_{t/0} = \frac{pi_t}{pi_0} \times 100 \quad (1.2)$$

设置基本物价指数的意义在于它们可以作为标准值（通过标准值可以计算不同商品价格变化的平均值），配合平均值（目前使用算术平均值）和加权系数来计算综合指数。

如果一篮子商品由 k 种商品 i 组成，价格从1到 k 不等，有一种可能的方法（虽然不是唯一的），可以构建物价指数作为基本物价指数的算术平均值。

$$I(p)_{t/0} = \sum_{i=1}^{k} xiI(pi)_{t/0} \quad (1.3)$$

其中，xi 为分配给每种商品的价格变化量的权重。

按照惯例，采用基准年或参考年（在我们的例子中，按简化惯例采用的初始年份是0）。为了估计商品在一段时间内价格的发展变化，必须在一篮子商品的结构保持不变的情况下进行计算，否则一旦商品结构发生变动，所计算出来的结果将与物价变化大相径庭，有可能反映出来的是商品质量的变化，甚至是消费结构的变化。因此，一定要保持这一篮子商品的结构不变。统计学家表示他们的统计对象是一篮子固定商品，采用的也是特定的基数和基准年。

1.2.2 基本指数的聚合

聚合基本指数的困难在于找到最佳加权系数，以便对少量（或大量）消费的商品的强（或弱）变化进行差异化的表达。仅仅以数量表示的商品消费份额无法使用，因为售出商品的单位各不相同（例如面包条数、租金或电影票张数）。法国国家统计局在 1949 年首次展开了强有力的家庭预算调查（德罗西埃，2003），其当前版本始于 1979 年。1946 年以后一直以预算系数作为加权系数。给每一种商品都设定了一个权重，这个权重代表了五年一次的调查所显示的这种商品消费占家庭总支出的份额。这种直观的选择由于货币的统一作用而成为可能，也使物价指数与国民核算数据保持一致。但是就绝对值而言，预算系数并不是唯一可能的选择。例如，在一些研究中，使用购买频率是首选，特别是将此作为解释通货膨胀感知的方式（我们将在第 3 章再次讲到这一点）。

一种商品 i 的预算系数 ωi 是该商品支出（di）在总支出中的份额（比例）。它是这样表达的：

$$\omega i = \frac{di}{\sum di} \tag{1.4}$$

其中，$\sum di = D$，即总支出，di 则是商品 i 的支出。

将式（1.3）和式（1.4）相结合，一篮子商品的物价指数 i 的价格 pi 可以表示为：

$$I(p)_{t/0} = \sum_{i=1}^{k} \omega i I(pi)_{t/0} \tag{1.5}$$

计算物价指数所用的基准年或参考年仍有待选择。从表面上看，统计学家有两个选择：基准年（0）或本年度（t）。参考年的选择是极其重要的，我们将在第 2 章看到，法国国家统计局每一届的选定指数都会带来参考年的变化及指数的改革。法国国家统计局利用建立新一代指数的时机来整理指数，甚至引入算法上的变化，其中有些变化是很显著的。从历史上看，某些基准年的变动是非常有争议的（如 1957 年，见第 3. 1 节）。其他一些基准年变动虽构成了重大改革，但争议较少（2015 年基准年的变化就是一例）。自 20 世纪 70 年代末以来，欧盟要求基准年每五年更新一次，以避免该指数所反映的消费结构过时，并确保所有成员国同时调整基准年。

此外，虽然算术平均数具有某些良好的数学性质，但它不是唯一可能的选择。统计中使用了各种各样的平均数，包括几何平均数（非常有用，特别是用于计算年平均增长率）、调和平均数（用于计算某些比率的平均数）。物价与消费数量指数的多样性决定了平均数模式选择的多样性。下面我们将主要讨论平均数。

1.3 各种可能的计量指数：拉斯佩尔、帕舍、费雪价格指数

1.3.1 拉斯佩尔价格指数

尽管有文献指出统计指数起源于英国人约瑟夫·劳（Joseph Lowe）在 1822 年出版的一本关于“拿破仑战争带来的麻烦”的书，事实上，直到 19 世纪末经济学思想中的所谓边际革命之后，指数的概念才正式出现，且主要是由经济学家艾蒂安·拉斯佩尔（Etienne Laspeyres）和威廉姆斯·杰文斯（Williams Jevons）使用（奈堡，2011）。

拉斯佩尔价格指数是一个综合指数，它是商品 I 价格变化的基本指数的算术平均值，由所考虑的每种商品在基准年的预算系数加权（见专栏 1. 1）。

专栏 1.1　拉斯佩尔价格指数的各种算法

拉斯佩尔价格指数是一个综合指数，它是商品 I 价格变化的基本指数的算术平均值，由所考虑的每种商品在基准年的预算系数加权得到。公式如下：

$$L(p)_{t/0} = \sum_{i=1}^{k} \omega i_0 I(pi)_{t/0}$$

这个平均值可以用另外两种方式表示。第一个是数学表达：用各自的值替换 $\omega 0$ 和 $I(p)_{t/0}$，得到 $\omega i_0 = \dfrac{pi_0 qi_0}{\sum_{i=1}^{k} pi_0 qi_0}$ 与 $I(pi)_{t/0} = \dfrac{pi_t}{pi_0} \times 100$，可以得出拉斯佩尔指数公式：

$$L(p)_{t/0} = \frac{\sum_{i=1}^{k} pi_t qi_0}{\sum_{i=1}^{k} pi_0 qi_0} \times 100$$

为了从经济学的角度解释这一比率，可以根据总支出进行推算。简单地说，基准年的总支出是在该基准年以当年分配价格 i 购买的商品 i 的总和。

$$D_0 = \sum_{i=1}^{k} pi_0 qi_0$$

拉斯佩尔价格指数的计算可以看作对总支出的结构性演化情况的测度；拉斯佩尔价格指数描述了在物价发生改变、商品消费数量不变的情况下，总支出（D_0）的变化情况。这个虚构的总支出可以这样表示：

$$D_t = \sum_{i=1}^{k} pi_t qi_0$$

这是仅仅在物价发生变化的情况下消费者所要承担的支出，因此，拉斯佩尔价格指数可以表示成在基期内总支出与虚构支出的比率：

$$L(p)_{t/0} = \frac{D_t}{D_0}\frac{\sum_{i=1}^{k} pi_t qi_0}{\sum_{i=1}^{k} pi_0 qi_0} \times 100$$

这种统计表示的意义在于，它突出了一个重要的思想，即为了计算拉斯佩尔价格指数，需要以下两个数据：(i) 基期的数量；(ii) 基准期和当期的物价统计数据。换句话说，计算这种综合指数所需要的就是采集每年的商品价格。此外，通过比较分子和分母可以看出，它确实可以度量物价在0和 t 之间的变化，因为在这个公式中只有 p 发生了变化。

我们来举一个量化的例子：包含三种基本产品的一篮子商品，其中有每月消费的 10 条面包、4 张电影票（基础价格在 2002 年是 6.7 英镑，在 2016 年是 9.0 英镑）、1 张公交车月票（基础价格在 2002 年是 55.0 英镑，在 2016 年是 70 英镑）。在这个例子中，2002 年每月总支出为 90.8 英镑，其中 9 英镑（预算系数为 10%）花在面包上，26.8 英镑（预算系数为 30%）花在电影票上，55 英镑（预算系数为 61%）花在公交车上。通过将这些预算系数分配到商品的基本物价指数上，根据拉斯佩尔公式，这一篮子商品的物价指数为 128.8 英镑。换句话说，这一篮子商品的价格在 2002—2016 年上涨了 28.8%，平均每年上涨 1.8%（见表 1.1）。

表 1.1　计算拉斯佩尔价格指数

一篮子商品名	商品价格（英镑）		商品数量	商品消费支出	商品预算系数（百分率）	商品基础物价指数	拉斯佩尔价格指数
	2002年	2016年	2002年	2002年		$I(p)_{t/0} \times 100$	$L(p)_{t/0} = \sum_{i=1}^{k} \omega i_0 I(pi)_{t/0}$
面包	0.9	1.2	10	9	9.9	122.2	12.1
电影票	6.7	9.0	4	26.8	29.5	134.3	39.6

续表

一篮子商品名	商品价格（英镑）		商品数量	商品消费支出	商品预算系数（百分率）	商品基础物价指数	拉斯佩尔价格指数
	2002年	2016年	2002年	2002年		$I(p)_{t/0}\times 100$	$L(p)_{t/0}=\sum_{i=1}^{k}\omega i_0 I(pi)_{t/0}$
每月公车票	55	70	1	55	60.6	127.3	77.1
总数				90.8	100		128.8

这种非常传统但也非常实用的计算指数的方法较之其他方法来说相对简便，因为它只需要采集基本物价，并假设这种方法以基准年为起点。然而，这并不是唯一可能的算法。

1.3.2 帕舍价格指数

虚拟支出也可以通过改变商品数量而不是物价来计算，其目的是估计在只有数量变化、没有物价变化的情况下，消费者将需要承担的总支出。

$$\check{D}_t = \sum_{i=1}^{k} pi_0 qi_t$$

帕舍指数以其创始人赫尔曼·帕舍（Hermann Paasche）的名字命名，既是（1）基本物价的调和平均数指数，加权系数为当年（而不是基准年）的预算系数，也是（2）当前时间内，在商品数量不变的情况下，总开支与虚构支出的比率。

因此，帕舍价格指数可以表示为以当年预算系数加权的基本物价指数的调和平均数（见专栏1.2）。在我们之前的量化例子中，一篮子商品的帕舍价格指数是124.8，物价增长24.8%，或者说平均每年增长1.6%。因此，根据不同的计算方法，我们例子中的物价指数增长了24.8%（依据帕舍价格指数）或28.8%（依据拉斯佩尔价格指数）。

这种同样传统的方法实际上也不太实用，因为它需要采集当年的物价

（称为“当前物价”），以及当年的商品数量。由于这些数据来源于家庭预算，采集消费数量的数据成本很高。受此种限制，这种算法经常被弃之不用。

专栏 1.2 帕舍价格指数的各种算法

帕舍价格指数是用当年预算系数加权后的基本物价指数的平均值表示，总结如下：

$$P(p)_{t/0} = \frac{1}{\sum_{i=1}^{k} \frac{\omega i_t}{I(p)_{t/0}}} \times 100$$

下面所表示的帕舍指数版本，其中分子表示预算参考年是当年（t），可以用各自的具体值替换 $\omega 1$ 和 I（p）$_{t/0}$，得到 $\omega i_t = \frac{pi_t qi_t}{\sum_{i=1}^{k} pi_t qi_t}$ 与 $I(pi)_{t/0} = \frac{pi_t}{pi_0} \times 100$。同样，在这个公式中也只有物价变化（分子中的 p_t 和分母中的 p_0）。这再次表明，这一公式试图估计的是“纯粹”价格效应：

$$P(p)_{t/0} = \frac{\sum_{i=1}^{k} pi_t qi_t}{\sum_{i=1}^{k} pi_0 qi_t} \times 100$$

事实上，物价的纯粹演化是永远无法获得的，因为随着物价的变化，其他变化也会出现，我们将在后面的章节中再次讲到这一点。

时间 P（p）$_{t/0}$ 也可以在支出报告中这样表示：

$$P(p)_{t/0} = \frac{D_t}{\c{D}_t}$$

其中 $D_t = \sum_{i=1}^{k} pi_t qi_t$ 且 $\c{D}_t = \sum_{i=1}^{k} pi_0 qi_t$。

统计文献还表明，拉斯佩尔价格指数往往高估了物价的总体演变。事实上，如果消费结构在几年内保持不变，那么这段时期内与商品价格变化相关的替代效应可能会被低估（如果消费转向价格涨幅最小的商品）。相反，有人认为帕舍价格指数低估了物价的总体演变，因为它低估了受高物价通胀影响的商品的权重。只有当固定的一篮子商品不被认为是度量“生活成本”的最佳指数时，这些描述才是有效的（见第5章）。

1.3.3 费雪价格指数

20世纪早期的经济学家和数学家欧文·费雪（Irving Fisher），其名声奠定于“不仅发展了有关物价的度量理论和技术，而且发明了物价指数，并将其转化为可以生产、销售和转换成商品的公共数据”（奈堡，2011）。奈堡解释了费雪成立“咨询局”，并将其用以“在客户中传阅一些带有表格与指数的文件，上面刊载经济领域一些主要商品的价格变化，从而为北美经济领域的公共空间引入了一类新型信息，并迅速改变了商业报纸的发行内容”（引用，38）。

费雪通过学术研究开发了一种被认为是最好的（或最高级的）。这种指数采用拉斯佩尔指数和帕舍指数的未加权平均值，其内容如下：

$$F(p)_{t/0}=\sqrt[2]{L(p)_{t/0}P(p)_{t/0}}$$

该指数的优点在于，它是两个指标的几何平均值，因此能够有效避免在统计学上被高估或低估；但同时，它也有帕舍指数的主要缺点，即它需要采集基准期的商品数量数据。

1.3.4 综合指数所缺少的特性

基本物价指数具有许多特性，包括可链性、可转换性和可传递性。然而，大多数合成指数并不具备这些特性，特别是拉斯佩尔指数或帕舍指数。从经济学角度来说，这意味着对两个日期的比较在很大程度上取决于所采用的基数。这还意味着这个指数只能在它所指的两个周期内进行比较。从理论上讲，如果1998年的物价指数基数是100，在1998—2015年上涨了25.8%，在1998—2016年上涨了26.0%，那我们不能从2015—2016年的物价变化指数中得出任何实质性结论。毕竟在一般情况下，对于$0<t'<t$，很容易得出$L(p)_{t/0} \neq L(p)_{t/t'} \cdot L(p)_{t'/0}$。

帕舍指数也是同样的情况。而费雪指数具有可循环性，只是比拉斯佩尔指数需要的数据更多，解读起来也比拉斯佩尔指数困难。这对于通货膨胀现象的经济分析尤其成问题。

消费者物价指数的计算方法在教学上有明显的优点，但在解释官方统计数据中关于物价指数的度量与使用方面的常规与争议（其中有一些被消声了）上所起的作用甚小。官方统计中的CPI物价指数暴露出政府行为的特定目的，而不仅仅是为数据调查者提供一个并不直观的辅助度量工具。这一指标与历史学家米歇尔·阿马特（Michel Armatte）对数学研究对象的看法有些相似：“……根本不是稳定的游牧者，它独自去世界旅行，永远随着瞬息万变的社会用途改变而变化，并需要不断重新解读”（阿马特，2010：9）。最终，围绕物价指数构建的试验、常规、争议、计算方法的改革，其中必然涉及的解读方法还是没有讲清楚。这一点本书将反复谈到，正是CPI曲折的发展历程使它成为一个“不透明的客体”（勒莫因，2016：296）。对CPI的起源、形态和历时变化的了解是非常必要的，因为CPI不仅是经济理论、社会政治学和象征原则的产物，它本身也有一定影响力。

1.4

在统计学理论和实践中应用物价指数

我们的讨论范围只包括那些使CPI在某种程度上偏离其初始目标且具有统计学意义的变化，所度量的也是其组成和价格保持不变的一篮子商品和服务的价格演变。这些改革（使用连锁指数、几何平均数和各种质量度量方法）是由一系列不同因素驱动的，我们将在本书中多次谈到。首先，在拉斯佩尔的理论设计中，由于市场经济实际的变化，长期维持一篮子固定商品的情况在现实中是不可能的。一些商品会消失，新的商品会出现，由于各种原因，如季节性变化、时尚潮流、投机活动乃至战略性定价政策（例如收益率定价，对不同的客户定不同的价格，以求得管理效率和收益最大化），观察期间商品价格波动明显。其次，这些改革可以被看作在逐步从 CPI 转向生活成本指数，也就是说，（如果我们暂时采用标准经济学定义的生活成本）采用一种能够度量为维持一定生活标准或福利水平所需的最低支出的指数。第 5 章和第 7 章将对此进行更详细的讨论。

1.4.1　链式指数

物价指数，无论是拉斯佩尔、帕舍还是费雪的变体，都对所采用的基准期非常敏感，这已经在前文详细阐述。基准期的选择是至关重要的，因为如果基准年前后发生重大事件，结果可能会产生根本性变化。例如，1957 年基数改变时，时任该委员会主席的法国人保罗·拉马迪耶（Paul Ramadier）注意到，新的指数是 104.5，而之前的指数只有 102.3。“弗朗西斯-路易·克洛森（Francis-Louis Closon）解释说，新的指数统计中纳入了许多未包含在原来 213 项商品中的商品，它们的单价都高于平均值”（图克莱，1993）。

虽然使用基准年很方便，但由于实际生活中的意外情况（例如因为个人生活方式改变而导致消费结构变化），基准年必须定期更新，以防止指数过期。

自 1971 年一篮子商品改为包括 295 项商品之后，法国国家统计局经过计算，编制了一个具有可链性的拉斯佩尔指数，以便构建尽可能真实反映家庭消费情况的物价指数，但最终与固定的一篮子物价指数还是有一定距离。这种根据实际情况进行的创新是为了每年更新消费结构，并确保形成不同年份之间的比较，从而保持该指数的可传递性。对于拉斯佩尔指数来说，预算系数每年根据国家统计数据修订，失去了其作为固定权重指数的优势。大致来说，可链性指数（Chain－linked Index，CI）的计算方式如下：（对于任何 $0<t'<t$）：$IC(p)_{t/0}=L(p)_{t/t'}L(p)_{t'/0}$。

指数的可链性通过权重值的每年更新得以保持（记录一下：$L(p)_{t/t'}$的预算系数是 $\omega_{t'}$，而 $L(p)_{t'/0}$的预算系数是 ω0）。

1.4.2 微观物价指数的几何平均数

拉斯佩尔指数的聚合涉及已经基本聚合的消费项目（如食品）。这种聚合必须在“品种”这一最详细的商品层面上进行。拉斯佩尔指数的格式决定了它不能应用于细分级别，因为在这些级别上无法获得预算系数。从一开始，商品细分级别的聚合就以微观指数的简单的未加权算术平均数为基础来计算物价指数。这种聚合格式用于同构项，有时称为杜脱指数（Dutot Index）。这些指数也可以用几何平均数来计算。统计学家长期回避使用几何方法，但是如今国际劳工组织制作的国际手册（2004）中建议使用；这是各国专家为争取采用该方法共同努力的结果（见下文各章）。从20世纪90年代开始，几何方法甚至被用于法国消费者物价指数的编制，用于计算某些异质品种商品的微观物价指数。这些非加权几何指数也称为杰文斯指数（Jevons Index）。

它们具备以下结构：$J(a)_{t/0}=\prod_{i=1}^{k}\left(\frac{p_i^t}{p_i^0}\right)^{\frac{1}{k}}$，其中 $J(a)$ 为初级总量 a 的加权杰文斯物价指数，k 为初级总量 a 中产品 i 的数量。使用杰文斯指数的目的是考虑家庭消费计划中的替代效应。根据该理论，如果消费者是自由和理性的，他们会购买相对便宜但使用效果相同的商品，舍弃其他变得更贵的商品。固定篮子指数（拉斯佩尔指数、帕舍指数）无法考虑这种替代效应；使用几何方法的部分原因是为了减弱这种影响，而这种影响一般会导致物价上涨，只能采用手动计算的方法来减掉。这标志着物价指数从作为一篮子固定商品价格一般演变的指标，向微观经济理论中更真实地反映家庭购买习惯和生活成本的指数的转变（见第 5 章和第 7 章）。

1.4.3 数量、体量、纯粹价格

从统计学和方法论上来说，使用以这些公式为基础的指数是很方便的。它们遵循严格的计算方法，能够或多或少地解释数字上的争论。然而，它们丝毫没有考虑物价统计中最棘手的问题之一，即质量问题。到目前为止，已经假定支出金额中包含了价格效应和数量效应：$D_t = \sum_{i=1}^{k} pi_t qi_t$。动态观之，这意味着价值的变化（这里表现为支出）结合了价格变化和数量变化。

然而，自 20 世纪 60 年代以来，经济学论据更精确地指出，价值变动（va）结合了价格变动（p）、数量变动（q）和质量变动（ql）（见专栏 1.3）。

可以写成这样的形式：$\delta va = \delta p \times \delta q \times \delta ql$。

在前文举出的面包价格的例子中，一条面包的价格在 2002—2016 年从 90 便士上涨到了 1.20 英镑。在考虑纯粹的物价上涨之前，这可能与它的重量从 250 克增加到 280 克（或减少至 200 克）的事实有关，这意味着我们处理的是数量效应。如果现在面包的重量只有 200 克——我们作为消费者可以时不时地体验到——那么在 2002—2016 年，面包的价格不是上涨了 33.3%，而是上涨了 33.3% 加上数量的损失。这样考虑之后，250 克面包的价格就是从 90 便士上涨到 1.5 英镑，上涨率为 66.7%。

专栏1.3　国家统计历史中从价值到体量的转变

直到20世纪50年代，法国国家会计师安德鲁·瓦诺利（Andre Vanoli）的一部全面记录国家会计历史的专著《国家核算史》显示，统计学家对体量的变化几乎没有兴趣（瓦诺利，2002：466－467），他们更感兴趣的是宏观经济变量的变化。直到二战后第一轮的高通货膨胀，经济学家才开始真正将注意力转向体量（例如GDP）的变化。从20世纪60年代早期开始，将总量的变化值分解为物价变化值和数量变化值的做法才获得了合法性。瓦诺利解释说，这种方法“基于这样一种观点，即在所有的资金流动中，经济主体之间都存在着一种明显或隐含的‘契约’”。在所有情况下，体量就成为基准年物价系统中货币的对应物，合同“实际”执行的目的就是提供一定程度的满意度（瓦诺利，2002：479）。1957年，法国在国民核算中进行了初步的物价—数量分类，但“实验没有继续下去，因为太多的资金流不受物价—数量细分的影响”（瓦诺利，2002：480）。

面包价格的上涨，也可能是因为面包现在是有机面粉制成的，或者加入了芝麻，或者现在是发酵的（或者反过来，更工业化，使用了托盘烘焙工艺等）。现在我们要处理的是质量效应（正面或负面）。一旦这两个影响得以捕获和中和，就对质量提出了一大堆问题，这将在第4章详细论述。只有余下的才能当作“纯粹价格”，记录了CPI中的价格变化（见专栏1.4）。

专栏1.4　“纯粹价格”

“纯粹价格”这一概念表明，货物交易的实质就是数量关系，具有一种“隐蔽的重要性”（奥尔琳，2004），摆脱了各种干扰或随机性波动（在这个意义上指的是纯粹价格中被中和掉的质量变化）。纯粹价格的理论环境是一种竞争性价格制度，不考虑垄断形式的竞争和管制价格（例如关税）、管理价格（基于某个协议或谅解约定的、卡特尔垄断等）或受到高度投机（这种行为正在增多）影响的价格的存在。也几乎没有考虑收益管理理念中体现的差异化定价做法。收益管理是一种非常灵活的定价策略，旨在通过个性化定价将运营商的利润率最大化，这种定价策略是通过密切监测消费者的支付意愿而确立的。收益管理会导致铁路、航空旅行、酒店行业以及优步（Uber）等按需服务平台的物价波动。有趣的是，定价方法越接近理论原则（例如收益管理会直接缘自消费者理论），官方统计就越难用统计上一致的方式对其进行跟踪。

纯粹价格的概念也可以在核心通胀（Core Inflation）的概念中找到。根据法国国家统计局的说法，核心通胀是一个旨在反映物价演变潜在趋势的指标。据说纯粹价格不受“国家干预所产生的管理物价”（例如电力、天然气、烟草等的物价）和“价格不稳定商品的价格波动”（例如石油产品、新鲜农产品、乳制品、肉类、花卉等的价格）所产生的“噪声”影响（西尔弗，2006）。在核心通胀概念的提倡者看来，它只包含由实际价值演变而带来的实际价格变化。在这些统计中，与市场价格的纯粹性相比，国家调控被视为一种干扰性因素。

为什么拉斯佩尔指数和帕舍指数没有考虑到质量差异？第一个原因是，价格理论是建立在假设的基础上的，即被调查价格的那组商品的质量是不变的。换句话说，如果构成一篮子商品的质量在一段时间内保持不变，拉斯佩尔指数和帕舍指数是有效的。第二个原因是，统计学家使用了一个结合了数量和质量的概念，他们称之为“体量”（vo）。

因此，我们建议将 $\delta va = \delta p \times \delta q \times \delta ql$ 在手册中换成如下公式表示：

$$\delta va = \delta p \times \delta vo$$

这种转换的优点是可以重新发现指数的初始格式。严格来说，拉斯佩尔指数应该解释如下：

$$L(p)_{t/0} = \frac{\sum_{i=1}^{k} pi_t voi_0}{\sum_{i=1}^{k} pi_0 voi_0}$$

其中用 voi（商品的体量）取代了 qi（商品 i 的数量）。

这个等式试图与质量的概念保持一定距离，质量的规范性特征以及价值判断在统计上总是特别难以付诸实践，特别是在应用于宏观经济学相关领域时。

虽然该等式维持了某种计算性空间的概念，也可以考虑质量，但是这种分解将处理生产特性、贸易、质量的不可通约性问题分派给了其他机构，而这些问题在此都聚合到一个称之为“体量”的杂糅概念中。此外，选择“体量”这一术语与统计中“稳健”的发展理念是一致的（戈佑、勒莫因，2014）。然而，对于非行内人来说可能具有欺骗性，因为它更倾向于数量而不是质量。统计用户中有谁知道体量变化包含了质量变化，最终关系到以下问题的回答：对于谁来说的质量？依据的是什么参考点？本书将用整整一章（第 4 章）来讨论这些棘手但基础性的问题。

1.5

物价指数的构成以及 CPI 随时间的演变

官方的一般消费者物价指数是一个倾向于拉斯佩尔指数类型的指数，它通过基准年的预算系数加权。2016 年的预算系数的相对份额是在 2015 年的新基础上确定的，即第八代物价指数。可以看出，在该指数中，食品占家庭消费的 16%，制造业占 27%，服务业占近一半（48%）（见表 1.2）。

表 1.2　2016 年法国的 CPI 预算系数

		家庭消费占比/%
食品		16
	生鲜食品	2
	不包括生鲜食品	14
工业产品		27
	衣服与鞋	4
	保健产品	5
	其他工业产品	18
能源		8
	石油产品	4
服务		48
	房租、水、家庭垃圾处理	8
	健康服务	6
	交通	3
	通信	2
	其他服务	29
烟草		2

注：统计范围为覆盖全法国所有家庭。

资料来源：法国国家统计局，2015 年消费者物价指数基数。

法国国家统计局的数据还显示了 CPI 长期年均增长率的演变。图 1.1 突出显示了战后时期（1945—1952 年）显著的高通胀（甚至超通胀）情况，以及接下来一直持续到 20 世纪 70 年代初的平稳时期（1968 年除外）。在平稳时期，国家机器开始改革：在通胀的名义下，国家银行开始解体。

在 1972—1984 年的高通胀期之后，通胀情况得到控制并维持在很低的水平。这些发展情况将在下面的章节中详细讨论。

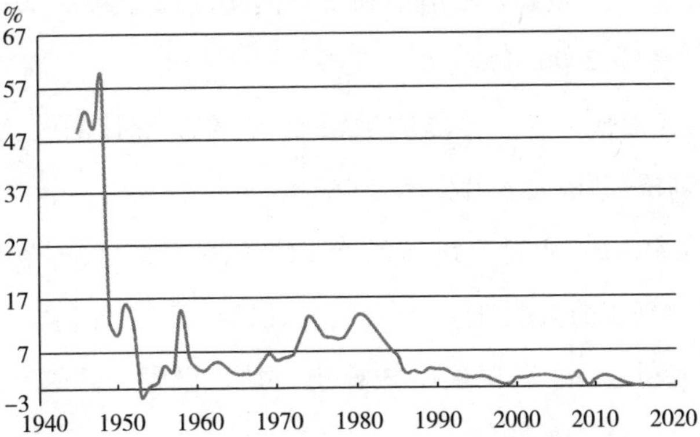

图 1.1 1945—2017 年法国整体 CPI 年均增长率演变

注：统计范围：CPI 巴黎系列至 1962 年，城市住户至 1992 年，法国国际化都市自 1993 年起，法国整体自 1999 年起。

资料来源：法国国家统计局（2017）。

参考文献

[1]阿马特·M. 作为工程的经济科学——量化和建模[D]. 巴黎:矿业出版社,巴黎矿业科技大学,2010.

[2]德罗西埃·A. 从工作到消费：家庭预算调查使用的演变[J]. 巴黎统计学会学报,2003,144(1-2):75-111.

[3]戈佑·V.,勒莫因.B. 维持经济秩序——解除和重新调整经济政策[J]. 政治,2014,1(105):7-35.

[4]劳工组织,货币基金组织,经合发组织,欧洲经委会,欧洲共同体统计局,世界银行. 消费者物价指数手册:理论与实践[Z]. 几内亚:国际劳工局.

[5]勒莫因·B. 债务的顺序[M]. 巴黎:发现出版社,2016.

[6]奈堡·F. 指数之战:1964—1994 年巴西的通货膨胀[J]. 起源,2011,3(84):25-46.

[7]奥尔琳,A. 协议的经济分析[M]. 巴黎:法兰西大学出版社,2004.

[8]西尔弗・M. 核心通胀措施和统计问题的选择麻烦[Z]. 国际货币基金组织工作文件,2006(4).

[9]斯台普福德. Th. 美国的生活成本:经济统计的政治史(1880—2000)[M]. 剑桥:剑桥大学出版社,2009.

[10]图克莱・B. 从起源到1961年的法国国家统计局:发展及其与经济、政治和社会现实的关系[D]. 历史论文,巴黎:第十二大学.

[11]瓦诺利・ A. 国民经济核算史[M]. 巴黎:发现出版社,2002:(655).

2

物价指数的政治经济学（1913—1990 年）

2.1

导言

20 世纪初，早期法国的 CPI 是基于一篮子 13 项在巴黎广泛消费的商品来计算的（按月统计，以 1914 年 7 月为基期，基数 100），还包括外省居民超过 100 人的城镇或城市，以及六大区的居民（按月统计，以 1914 年 8 月为基期，基数 100（图克莱，2003：3）。当时的目的只是根据中等收入家庭的消费支出，为计算购买一篮子常见消费品的成本提供一个参考。图克莱（Béatrice Touchelay）写道，“被调查的个人是从调查者的‘熟人’中挑选出来的，一周的家庭支出记录在账簿上”（同上）（见表 2.1）。

表 2.1　指数统计的一篮子的 13 项商品构成

商品	商品
面包	土豆
鲜肉	豆类
猪肉	糖
黄油	食用油
鸡蛋	石蜡
牛奶	甲基化酒精
奶酪	

资料来源：基于 P. 德莱尼、G. 劳伦、B. 泰拉文献，法国和其他几个国家的物价统计，法国国家统计局。

这一物价指数很快被建模和转化，并开始面临社会压力。本章的目的是在下列时间表的基础上就这些变化给出说明。最初的实验阶段一直持续到两次世界大战之间，且为物价指数奠定了实践基础。第二次世界大战时期福利国家的实力大增，且越来越重视经济计划。20 世纪七八十年代，尤其 80 年代，是该指数历史上的重要转折点。一方面，技术专家的专业知识获得了更大的合法性，从而营造了有利于发展的知识氛围，这首先从美国开始，后来在法国出现了功利主义的框架。另一方面，货币主义政策以及更普遍的经济金融化直接阻碍了对通胀的控制。由于历史原因，通胀仍然是德国的一个痛点，这种焦虑影响了欧盟内部的其他决策者。除此之外，在一个积极为购买债券的储户寻求回报的体制中，货币稳定也是必要的（勒莫因，2016）。这些货币政策也影响了对通胀的度量。

专栏 2.1　物价与经济政策

对物价度量方法及其相关争议的分析揭示出，自政治经济学早期以来，经济领域的争论就把两种方法对立起来。这种紧张关系同样存在于指数计算中：一方面，支持国家合法的非市场措施和公共干预；另一方面，捍卫个人选择权利的人相信市场的自我调节能力。后者难免会认为存在着两个不相关的领域；一个是货币领域，另一个是现实领域。为了让个人在信息充分的状态下做出选择，真实价值和货币价值必须同时随市场变化。这个立场是标准理论的基础，假定市场会自动显示经济主体的偏好，从而确保匹配他们的最佳意愿。对于低通胀或零通胀最重要的事情，是防止市场物价偏离正在流通的货物和服务的实际价值。只有在这样的条件下，各种商品的价格才能完美地度量客户体验，完美地体现商品和服务的质量与效用。凯恩斯是宏观经济理论中总需求这一概念的提出者，但是他并不支持市场透明度和市场具备自我平衡能力的观点。相反，在他看来，经济主要是货币性的，虽然市场能有效地把经济主体聚集在一起，但没有说出真相的能力。因此，从历史上看，宏观经济方法需要由国家掌握大范围的统计工具，以提供主要经济总量的清晰画面，并使国家能够进行精细调整，而在这方面市场是无能为力的。

2.2

物价指数的出现：工业活动的代理人与购买力的保证

这里采用的历史方法具有启发性意义。历史方法解释了至今仍在发挥作用的社会动力基础：一个是代表财富的工作原理，尤其适用于统计数据对质量进行量化；另一个是再分配的工作原理，适用于物价指数作为基准工资、福利待遇等的直接或间接标准。这两者有时互补，有时冲突。然而，不得不提的是，少数几个从通胀度量来源的角度对该问题进行考察的作者似乎没有对这两个原则予以同等程度的重视。

法国国家统计局的统计学家让·罗西特（Jean Rouchet，2016）考虑了 1907 年美国金融危机时官方统计中构建和使用零售价格指数的源头。根据罗西特的说法，正是这场危机导致了经济活动代理制度的建立：这个代理就是对物价的度量。在他看来，1907 年华尔街的金融危机导致了实体经济的危机，导致产出和进口的急剧下降。根据阿尔弗雷德·索维（Alfred Sauvy）的说法，这场最初的美国危机“扰乱了法国的公共权威部门”（罗西特，2016：5）。最初的物价指数被当作经济活动的间接代表，因为采集价格变化数据比采集体量数据更容易。因此，根据这位历史学家的说法，官方统计学家对物价进行的第一次实证评估可以追溯到通胀危机之前。杜吉·德·伯农维尔（Duge de Bernonville）最终对物价进行了第一次全面观察。经济学家引用了米歇尔·胡贝尔（Michel Huber）的解释，其职责是组织“可以作为一般经济危机早期预警的指数的采集，并进一步说明，目标当然是度量经济活动……而不是通货膨胀”。

罗西特经过长期的统计研究制作了一个图表，显示出 1914 年之前通胀率几乎为零。根据他的研究，直到第一次世界大战后物价上涨了 4 倍，人们才开始认真考虑对通胀情况进行统计。那时通胀开始成为公共问题，法国官方编制了第一批指数：批发物价，然后是零售价格，最后是工业生产者的定价。与大多数其他欧洲国家和美国一样，法国采用的是固定基数的拉斯佩尔指数。这有两个原因：一个是基于现实情况，第1章曾指出，这是采集价格变化数据的最简单和最省钱的方法。另一个则是基于概念的。吕西安·马奇（Lucien March）曾是法国战后国家统计处（General Statistics Office，GSO）的主任，“他的工作是监控经济指数和为政府预先决策提供信息”，因此也在“起草经济复苏计划”中起到了关键作用（阿马特，2005：3）。对于马奇来说，“物价指数其实就是标准生活方式的成本”，“不应该以通常的方式来理解，而应该在某种意义上将其视作一个工具，用来准确地度量商品价格变化的影响，不用考虑习惯或口味的变化，以及需求方面的增加或差异化”（马奇，1911：12，转引自让·罗西特的文献）。

这种历史观点并没有得到所有学者的认可。历史学家贝亚特丽斯·图克莱（Béatrice Touchelay）认为，20世纪初的物价指数实际上与“通货膨胀的第一次突然发生”同时出现。据图克莱的说法，物价指数的出现意在“安抚三年前反对高生活成本的愤怒家庭”（图克莱，1993）。物价指数所包括的13种商品早在1913年就已经确定下来，并于1916年首次公开发布（见表2.1）。

让·莫登（Jean Moden）也描绘了比利时境内的类似情形。他表示比利时劳动部编制了第一批物价指数，因为“劳工组织……特别要求，应该确保他们的购买力与经济危机之前工人的购买力大致相同”（莫登，1982：7）。此外，比利时的第一个指数是委员会根据“高生活成本”计算出来的。从1920年开始，比利时矿业领域引入了工资指数，当时国家矿工联合委员会把矿工的工资与物价指数的演变联系起来（莫登，1982：8）。在法国，从1919年开始物价指数以各省的共同生活成本佣金为基础而编制，由“生活成本研究委员会”监管（Central Commission for Research on the Cost of Living，CCERCV，1920 年法令）（切利尼，1998：24），反映出政府和家庭日益重视生活成本问题。这些委员会的任务是编制一系列标准预算，目的是计算典型工薪阶层家庭的生活成本。美国历史学家还指出，自 20 世纪初以来，北美人对生活成本的增加感到愤怒。然而根据托马斯·斯台普福德（Thomas Stapleford，2009）所著《美国的生活成本》（*The Cost of Living in America*）一书，这种愤怒并没有立即引起人们对零售价格指标的兴趣。人们的注意力更多地集中在托拉斯和垄断上，认为它们是生活成本上升的原因。对于当时的经济学家而言，他们认为批发物价指数是度量经济活动的合适指标。

2.3 八代物价指数

随着时间的推移，各种“数据采集”方法（见专栏 2.2）相互替代，标志着物价指数发展的形式日益丰富。与篮子中所包括的商品和服务范围逐渐扩大一样，统计覆盖范围扩大到所有家庭（而不仅仅是工人阶级中的家庭代表），这都是统计上的进步。这一切发生的时候，大多数人还是认为经济和社会平等确实是可以实现的目标。

专栏 2.2　数据采集

把“采集”当作一旦物价“成熟”就“收获”的问题，可能会给人一种印象，认为这是一种纯粹的技术行为（皮里奥，1992）。实际上，为国家统计局工作的采价员绝不仅仅是采集者，他们的工作还包括解释在商店中观察到的事实。他们必须每月对完全相同的商品的价格进行严格跟踪。他们在调查时经常发现商品不在商店里的情况，可能被零售商永久退市了，或者被“看起来”差不多的商品换掉了，甚至被另外一个“质量”不同的商品取代了。在这种情况下，采价员需要评估“产品之间特征的差异是否足以说明在基准期存在物价差异”。此外，我们将在下面的章节中看到，采价员和国家统计局所采用的统计做法影响了对物价进行统计处理的方式。在这个领域，在不同质量的商品之间的边界多少有些模糊的情况下，解释时特别容易出现差异。有时质量变化是出于营销目的而做出的外观变化，那么物价变化将被视作纯粹的变化。有时质量的变化是商品某些实质性特征的真正变化，那么物价的变化就是物价“打折”。还有一些情况下，某些商品的质量变化会被认为是根本性的变化，那这种质量上的变化将被视为新产品的引进，并被解释为质量上的整体改进而不是物价的上涨。

1914—1949 年，法国国家统计局将一篮子商品从最初的 13 种商品逐渐增加到 34 种，而法国国家统计局将“居住在巴黎的工薪阶层四口之家”定义为当时的典型预算对象。该指数随后出现了几代变化（从 1914 年到 2016 年总共出现了八代指数，见表 2.2），每一代都带来了与之相应的参考人口、地理区域、加权方法等统计来源方面的变革。

争论的声音持续不断，特别是在欧洲国家，例如在物价指数统计中是否包括租金的问题。房屋出租的做法在每个国家都不一样，而且属于敏感问题，特别是租金一般占家庭消费的很大一部分。在法国，消费者物价指数调查的范围仅限于消费，不包括投资。基于此，国家统计局只将租户支付的租金，以及为日常维修住所而购买的商品和服务的价格纳入该指数。这一公约不包括购买住房的支出和取得这项资产的相关费用（例如抵押贷款的利息）。这与国民核算中对租金的处理不同，国民核算中对业主自住房采用“虚构租金”公约（通过估算租金法评估），尽管在新千年开始时，这一类别消费占所有家庭消费的53%。这种处理方法及其基础公约对计算 CPI 所用的预算系数中住房项目所占的份额有非常重大的影响。

表 2.2　法国消费者物价指数（CPI）的“八代”演变

	改革/实施年份	选定商品	参考人口	地理区域	消费篮子	加权
第一代	1914 1914—1949	13 项，后 34 项基准年 1914	工薪阶层，四口之家（两个孩子）	巴黎	29 项食品； 4 项暖气产品； 1 项保健产品	典型预算
第二代	1949 1950—1956	213 项	蓝领/白领家庭，四口之家	塞纳省	食品（除开生鲜产品和酒精）； 工业产品（除开耐用品、汽油、药品）； 一些服务产品	家庭预算调查
第三代	1957 1957—1962	250 项	蓝领/白领家庭，两口人及以上	塞纳省 + 17 个地区首府	食品（除开酒精）； 工业产品（除开一些耐用品）； 50% 的服务类产品	家庭预算调查
第四代	1962 1963—1970	259 项	蓝领/白领家庭，两口人及以上	所有住户超过 2000 人的城镇	食品（除开酒精）； 工业产品（除开一些耐用品）； 60% 的服务类产品	家庭预算调查
第五代	1970， 后 1980 1971—1992	296 项	户主为蓝领的家庭/白领之家	所有住户超过 2000 人的城镇	所有食品； 工业产品； 大约 80% 的服务类产品	根据国家统计数据逐年更新
第六代	1990—1993	265 项 1992 年引入了“无烟草”指数（特别是在国家最低工资指数化方面）	所有家庭	所有住户超过 2000 人的城镇	所有食品； 工业产品； 大约 85% 的服务类产品（兽医，丧葬服务，租车，海上及海岸交通，救护车，飞行（标准舱））； CPI 调查覆盖率：88.3%	根据国家统计数据逐年更新

续表

	改革/实施年份	选定商品	参考人口	地理区域	消费篮子	加权
第七代	1998			CPI 调查的范围变为家庭实际最终消费（所有货币交易）	1998 基准年 CPI 调查覆盖率：94.1%；新包括：保险（车险和房屋保险），社会保障服务（护工，儿童看护，养老院），住房相关服务；采用 COICOP 分类法，即按目的划分的个人消费分类	
第八代	2015 2016—	1100 种系列产品（产品系列）		99 个城镇以及所有住户超过 2000 人的城市	商品及服务覆盖率达 97%；欧洲 COICOP 分类法较之 1998 年达到更精细化的程度	

资料来源：基于萨里奥（1993：4）对前六代指数的整理。第七代与第八代的数据来自 INSEE 的各种技术会谈备忘录。

2.4 1950—1970 年：物价指数政策

20 世纪 50 年代，在法国，零售价格一直是政界人士的敏感话题。预算标准是各种激烈谈判的目标，似乎预示着随之而来的新物价指数和政治斗争。

2.4.1 标准预算

对标准（或家庭）预算的首次研究始于 1907 年，当时法国国家统计处（法国国家统计局的前身）在巴黎发起了一项针对 800 个工薪阶层家庭的调查（图克莱，2003）。这项调查使国家统计处得以对典型家庭的购买力做出估计，然而关于这些标准预算的商谈直到 20 世纪 50 年代初才重新开始。

法国对这一问题的大讨论开始于冷战时期。法国共产党在 1947 年遭到拉马迪埃政府的驱逐，一部分人认为社会在进步（战后 30 年经济增长的开始），另一部分人认为巴黎体力劳动者与战前相比处于绝对贫困中，两种看法形成了鲜明对比（莫里斯·托雷兹，Maurice Thorez）。正是在这种令人担忧的背景下，一波新的集体协议（第一个始于 20 世纪 20 年代）在谈判中产生，这也为法国引入最低工资概念铺平了道路。

这些争论是在一个议题为“成本、工资和报酬”的会议上进行的，为社会各界提供机会讨论到底应该选择哪一类型的指数来度量生活成本的问题。工会起草了一系列标准预算（针对巴黎地区的一名非技术工人），旨在作为确定代表家庭预算及其成本演变的篮子基础。这些前期工作为谈判提供了素材，并为将工资与物价挂钩提供了第一个参考点。

20 世纪 50 年代的争论与最低工资概念的引入是同步的。经证实，标准预算方法出现在围绕物价指数的激烈争论之前。一位工会会员称，工会和雇主之间围绕物价指数进行了艰苦卓绝的谈判。他说，“雇主们拒绝在标准预算中加入一套西服，因为他们说，体力劳动者一生中只有两次穿正装的机会，第一次是结婚，第二次是最后的葬礼。哼，这就是金属加工行业和采矿行业里我们与雇主协会的关系”。

全国最低工资标准根据 1950 年的法案设立，是恢复购买力和消除贫困的主要政策措施。经过 20 世纪 40 年代末的通货膨胀和 50 年代初的物价平稳时期，1952 年以来开始引入相关机制，将最低工资与物价指数挂钩来调节工人的收入。这一指数机制相当于引入了一个浮动工资标准：如果物价指数增长超过 5%（1957 年的增长超过了 2%），最低工资就会自动调整，以保持工人的购买力（图克莱，同上）。这一时期，政府试图通过这些机制来控制工业领域的纠纷，同时也见证了通胀度量的制度化。虽然这些措施肯定在某种程度上确保了购买力保持稳定，但这些不同形式的指数值也倾向于将一些争论的重点转移到对生活成本的度量，这又使分配问题成为度量问题的核心，当然那些固有的不确定因素依然存在（见第5章和第7章）。

2.4.2 工资指数化和政府指数化政策

1950年到1970年之间的岁月清楚地见证了国家行使权力控制通货膨胀的方式。当时同时存在两个指数：一个是巴黎的指数，另一个是法国各省的指数。1952年法令规定的工资指数化仅以巴黎物价指数（213项商品指数）为基础，而不是各省所使用的183项商品指数。

战后的几年里，1947年国际劳工统计学家会议（International Conference of Labour Statisticians）建议物价指数应当保持透明。“指数基于塞纳省的某个工资收入中等的四口之家的预算”（图克莱，2003：7）。关于指数的紧张讨论是这个时期的主要内容，公共权威部门在任何可能的地方都对物价直接施压，尤其是针对管理物价和“包含在指数统计范围之内的公共服务的价格”（图克莱，2014：119）。当时国家权力极易影响指数，因为在20世纪50年代初，统计学家出于确保指数透明度的考虑，公布了指数构成中的所有商品。1952年7月18日的法案使法国国家统计局的零售价格指数成为最低工资自动指数化的基础（图克莱，2003）。1953年，L. A. 文森特表示，“政府试图对用来计算指数的商品项目施加影响”。法国国家统计局和负责执行法规的物价总局之间的关系“恶化”了。“面对上世纪50年代的通货膨胀，各国政府毫不犹豫地对法国国家统计局指数所包括的产品价格施加压力”（图克莱，2003：12）。物价总局“设法获得出售指数构成商品的商店清单”。1952年秋，物价总局在理事会主席安东那·比内（Antoine Pinay）的支持下，“向法兰西－路易斯·克罗森求情，要求他提供名单”（图克莱，2003：12）。1955—1957年，局势变得更加紧张，当时正在建立新的指数基础，在一篮子商品中引入了水果和蔬菜。政府怀疑把它们包含在篮子里会对指数产生通胀影响："1957 年年初，无数来自农村和农业省的代表和参议员呼吁法国国家统计局提供担保，保证将水果和蔬菜纳入指数考虑范围。"这一指数在工会成员那里也引起了争议。图克莱说，有一个工会提议用包括 170 个商品项目的指数，即用所谓的轻蓝领指数代替当时使用的包括 230 个商品项目的指数。法国国家统计局的指数被批评为"代表了比所谓轻蓝领指数更高的生活水平"。法国国家统计局的负责人之后指出，"巴黎轻蓝领的收入指数在巴黎代表性非常弱，因为它实际上等同于阿尔及利亚无产阶级的收入水平"（图克莱，2003：16）。

总的来说，一方面是工资指数化，另一方面是政府的指数化政策，使得一些公司改变了商业策略。图克莱提到了贝立兹学校一个非常典型的例子，政府要求其降低私人课程的价格，因为它们是物价指数篮子的一部分。"学校主管对法国国家统计局表示，他建议应该用集体课程价格取代私人课程价格，因为收入不高的工人更有可能参加集体课程。这个建议被接受了，然而统计学家很快发现，学校大幅提高了私人课程的价格，并开始提供比集体课程昂贵得多的半私人课程"（图克莱，2003：13）。一方面，国家通过要求公司降低价格来争取一种统计上的通货紧缩；另一方面，公司在遵守要求的同时，也通过在其他服务中行使定价自由权来保证其利润率。

然而鉴于权力关系的状态，这些增加购买力的措施一方面在控制通货膨胀，另一方面却导致实际工资急剧上升，当然原因还有劳动生产率的大幅提高，以及雇佣劳动关系的日益社会化。博德洛和勒博潘在 1979 年进行的一项回顾性研究显示，在过去的 30 年里，名义工资增长了 10 倍。对于这个问题，法国国家统计局认为 1960—1974 年间的购买力每年增长 5.6%（布奈、皮昂涅尔，2007）。有两种现象可以解释 20 世纪 60 年代末与零售价格指数相应的最低工资（见图 2.1）。首先是 1968 年 5 月事件对政策的追问，导致最低工资的大幅度提高，其次是1970年从保证最低工资（SMIG）到跨行业增长最低工资（SMIC）的转换。SMIG不仅根据通胀率提高，而且也根据平均工资的增长来提高。SMIC继续随着物价指数的演变而提升，但其他工资也被考虑在内，“标志着在工资演变中承认一定的公平性”（波依尔、豪林沃斯，1997）。

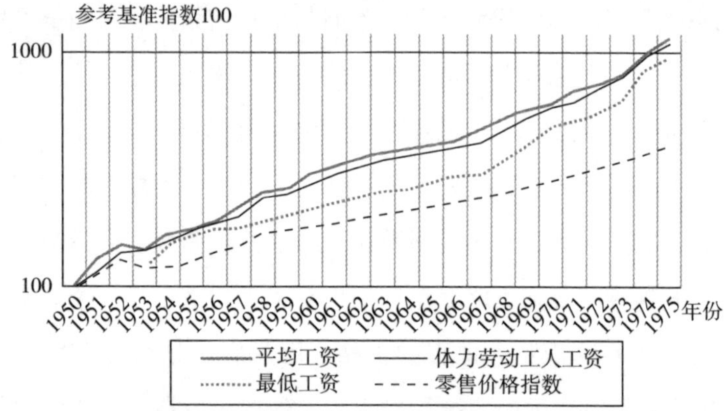

图2.1　1950—1975年平均工资、体力劳动工人工资、最低工资、零售价格的演变

资料来源：博德洛和勒博潘（1979）。

2.4.3　法国国家统计局的“创伤期”

可以说这一时期CPI的控制权落入了政客手中，给法国国家统计局带来了长久的影响。这一情况导致该机构从20世纪60年代起就开始编制构成CPI篮子商品的秘密清单。一般来说，为了避免对该指数施加任何直接的政治压力，CPI的构成清单在一定程度上属于保密信息。很有可能——假设一下——这个“创伤期”在某种程度上促成了更大的自主发展空间，使法国国家统计局能够冷静地参与讨论公众普遍关心的问题。不管怎样，从60年代中期开始，政府控制物价指数中的商品项目的做法就逐渐消失了，尽管一些国有企业抱怨在通胀持续时，无法像国有企业巴黎运输公司（RATP）那样使用经济杠杆抬高物价。但我们将看到，权力关系会以其他形式表现出来，特别是由于法国国家统计局在组织关系上是由经济和财政部监管。

2.4.4　20 世纪 50 年代美国不同的故事

20 世纪 50 年代通胀急剧上升以及随后的指数化政策在美国的管理方式有所不同。1958 年，耶鲁大学的拉格尔斯（Ruggles）和芝加哥大学的里斯（Rees）两位经济学家在联合经济委员会（Joint Economic Committee）上再次考察了针对通货膨胀上涨原因的争论。他们没有强调工会的角色或通货膨胀中的工业垄断，而是提出了新的假设，认为官方统计数据无法“捕获战后经济增长的中心模式，即产品质量和新产品方面的创新”（拉格尔斯、里斯，1959）。这是早期政治干预阶段采用物价统计方法来捕捉质量效应时所遇到的困难，也是经济学家最早提出的针对改进物价指数计算中度量方法的建议。委员会的目的虽然是更好地考虑新产品引进以及关于质量和生产效率方面的变化，但是技术的变化几乎理所当然地导致了物价增长放缓，且不利于再分配。斯台普福德指出，国家经济研究局在此期间从芝加哥大学招募了乔治·斯蒂格勒（George Stigler），正是在他的建议下，美国统计手册中新增了分析“以不变效用为基础的生活成本指数”的概念，这是度量恒定质量生活成本的一种非常标准和实用的方法。早在 1959 年，该报告就建议 CPI 应该成为一个固定的效用或幸福指数，第二次世界大战以来这类指数记录的物价涨幅低于官方消费者物价指数。在统计方法的创新中，应特别提到利用几何手段建立以异质品种为基础的一些微观物价指数，这些指数考虑到消费者以价格较低的同类产品替代某些产品的可能（理性的）倾向。这种方法的使用也会自动减少价格上涨。同样值得注意的是计算质量效果的第一类建议，一般是在统计计算中对商品直接给予折扣。总而言之，如果商品质量逐渐有所提高，那么其价格上涨所反映的是质量的提高，而不是纯粹价格的上涨（见第 1 章）。从这个角度来看，商品折扣可以解释为某些产品的功能和性能（如汽车、电脑等）在提升，以及商品日益多样化且更耐用。

20 世纪 50 年代，各国之间思想自由交流较少，直到 70 年代末，欧洲仍然没有加入这场争论。然而在美国，由于收益的指数化和主流经济学家施加压力，物价指数显然日益接近生活成本指数，呼应了新古典经济学家提供的定义，即物价指数是一个度量开支变化的工具，获取它是为了保持同等水平的效用或福利。20 年后，博斯金（1996）（见第 4 章）对这些建议作了大量修正，引起了媒体的广泛关注。

2.5

CGT 指数的生命周期（1972—1998 年）

由于工资指数化和社会保障福利（以及税收等级）在物价指数方面的政治敏感性，一些政治斗争转移到度量生活成本的统计领域，这是这一术语内在的模糊性。20 世纪 50 年代的法国，政府直接对参与物价计算的商品和服务施加压力，导致了初期围绕物价指数的紧张气氛。70 年代初法国出现了更直接的对抗，最终编制并出版了一份 CGT 指数。

2.5.1 CGT 指数的源头

法国政府与总工会之间在通胀度量和标准预算起草上经过了 20 年的对峙，工会表示了强烈的不满，认为该指数大大低估了生活成本的增加（当时定义为维持生活所需的支出），尤其对体力劳动者更是如此。然而自 1972 年以后，总工会编制对抗性指数表达出信任危机，原因还在于金融全球化初级阶段所带来的挑战。美国首先在 1971 年放弃了金本位制，其他西方世界国家纷纷效仿，把资本主义世界变成了一个自我参照和货币竞争的世界，并为金融投机活动打开了大门（泰瑞特，2010）。

总工会的指数吸引了很多人的关注，由于该联盟在法国工会版图中的重要地位，当时大多数工会都参与了进来。关于标准预算的谈判促使主要工会和其他自愿加入的协会也提交了自己的物价指数。因此，早在 20 世纪 50 年代，法国民主工会（CFDT）就以中等收入的四口家庭和法国国家统计局的价格调查为基础，构建了一个物价指数；法国工人力量总会（FO）根据法国国家统计局的价格调查，追踪了单个非技术工人的标准预算的演变；全国家庭协会联盟（UNAF）计算了一个四人家庭的标准预算，其中两个孩子年龄在 6 岁到 12 岁之间。此外，全国大众家庭协会联合会（CNAPF）还追踪了一个两孩家庭的标准预算，两个孩子年龄在 6 岁到 12 岁之间，户主是巴黎地区的一名钢铁工人。

总工会通过高级委员会编制的标准预算来度量每个季度物价的变化情况后得出结论，制定一个设计更佳的月度指数的时机已经成熟，并且要求独立完成。1970 年，总工会的执行委员会委托专家编制物价指数。这一倡议得到了当时法国国家统计局各部门的高级别工会会员的支持，总工会与民主工会的密切伙伴关系也极大地促进了这一倡议的提出。法国国家统计局的工会成员积极支持法国总工会在没有得到全体同意的情况下编制统计数据，随后一份供谈判人员使用的统计手册编制出来并在倡议者中得到传播。

2.5.2 CGT 指数的具体特征

第一个版本的 CGT 指数出现在 1972 年 3 月 15 日的《人民》月刊第 888 期。CGT 指数的独特之处在于，它是一个四口家庭（两个孩子年龄在 10 岁至 15 岁之间）的消费者物价指数，居住情况为租住，户主是住在巴黎地区的一名熟练体力劳动者。法国总工会进行了独立的价格调查，目的是得出类似于法国国家统计局的物价指数，但没有足够的资源支持。法国总工会依靠的是学生，通过工会成员监督并说服学生每个月完成巴黎地区的物价调查。该指标由矿区中央采购合作社（CGT 合作社）进行计算，并提供必要的计算资源。

CGT 指数第一批主要商品的权重分配如下：食物 36.0%，服装 8.9%，住房 27.8%（见表 2.3）。

表 2.3　1972 年 CGT 指数的主要商品加权情况

商品项目	指数中的加权/%
食物	36.0
服装	8.9
住房	27.8
其中：租金和相关费用	16.8
其他	11.0
个人卫生，健康	7.6
交通，通信	9.7
文化（休闲活动）	6.7
杂项	3.3
总计	100.0

资料来源：1972 年 3 月 15 日《人民》月刊第 888 期。

CGT 物价指数的构成体现了拉斯佩尔指数的思想。它以一篮子固定的商品为基础，为了考虑质量的提升而不考虑折扣（例如名义价格的增长）。总工会提出的论点涉及垄断公司的超常利润、广告和浪费问题，以及“不是因为某个产品模型更昂贵就说明它的质量更好”的想法，还有一些关于质量变化的约束性规定。如果质量较低的商品不再出售，无论是衣服还是汽车，消费者都可能会被迫去购买更高质量的商品。这个问题在 20 世纪 70 年代曾以服装为例说明，后来随着信息技术在消费世界的迅速传播，成为一个尖锐的问题。随着信息技术的迅猛进步，很多产品的功能增加了约 10 倍，老型号产品很快就会无法使用，迫使家庭购买新产品。

不考虑质量效果，不增加指数中住房的权重（1971 年官方指数中住房的加权系数为 4.7%，而租金在 CGT 指数中的系数大于 16%），不考虑季节性变化（在当时的价格指数中分期摊余超过 12 个月），意味着 CGT 指数永远高出法国国家统计局指数 2 到 4 个百分点。这是根据《人民》月刊的数据重建的两个图表所表示的内容，其中计算 CGT 物价指数的数据被列在占一整个页面的表格中（见图 2.2、图 2.3）。

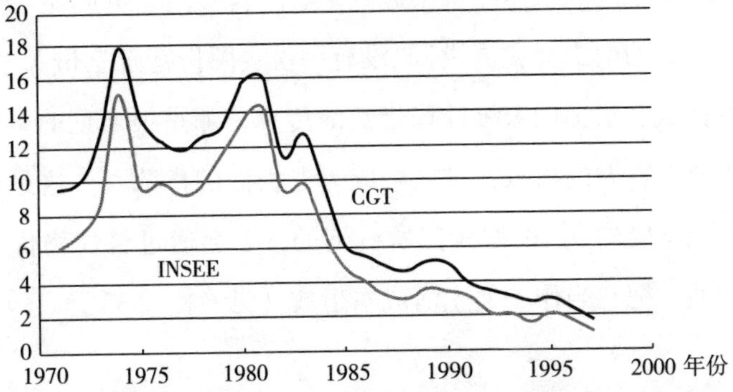

图 2.2　1972—1998 年 CPI 与 CGT 指数的年增长率之比较

资料来源：1972—1998 年《人民》月刊，蒙特勒伊 CGT 档案。

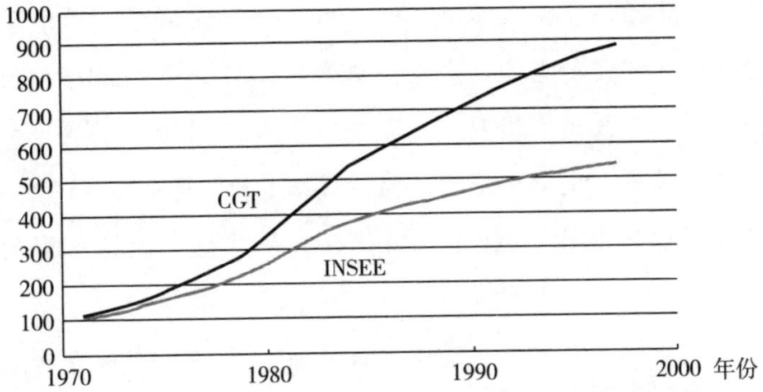

图 2.3　1972—1998 年 CPI 与 CGT 指数演变情况之比较

注：基数 100，基准年为 1971 年

资料来源：1972—1998 年《人民》月刊的数据，蒙特勒伊 CGT 档案。

需要指出的是，如果 CPI 比官方指数高 2 至 4 个百分点，就可以推断经济增长每年也被高估了 2 至 4 个百分点，因为消费是 GDP 的主要组成部分。

CGT指数在20世纪80年代之前的工业关系中起着重要的作用（皮里奥，1992：82）。当时活跃的工会成员讲述了这一替代指标如何成为真正的谈判杠杆。虽然很少有公司直接依靠CGT指数来协商加薪，但工会却在官方指数和总工会指数之间找到了交叉点，特别是在如化学和金属加工行业这类工会特别成熟的行业。CGT每月公布其指数所引发的全国性争论，在工会和雇主之间的权力斗争中起到了名副其实的“共鸣室”的作用。一位负责该指数的前工会成员说，“没有一份、两份甚至三份关于物价指数、生活成本指数、法国国家统计局指数的传单，那是很罕见的事情。说明老板们不想放弃官方的指数。它已经成为老板们的指数……这是法国国家统计局所不能忍受的”。正如我们所看到的，工会通过替代物价指数与雇主们进行沟通，把它当作一项生活成本指数（见专栏2.3）。

专栏2.3　“通胀”“生活成本”与“购买力”

生活成本与购买力

从表面上看，生活成本是一个外行术语，任何个人或消费者都可以轻易使用。通胀度量的社会经济史表明，从20世纪50年代到70年代，经济学家和政治家们对“生活成本”和“通货膨胀”这两个概念的使用并不准确。文献中遍布“生活成本上升”这样的表述，而实际指的是“通货膨胀上升”。按常识来说，如果“我”生活所需的物品价格在上升，那么“我”的生活成本就在上升，其他物价在收入的参照下也在发生同样的变化。从这个意义上说，生活成本从表面上看是与收入分开的，这就在“生活成本”的概念和“购买力”的概念之间划分了界限。购买力的明确定义是个人可支配收入能够购买商品与服务的数量，因此，购买力一方面依赖于一般价格水平的演变，另一方面也依赖于收入的演变。

生活成本和规范

正如经济学文献中所指出的那样，生活成本在性质上可能是规范性的，但对它的理解可能相对独立于任何规范性特征。毕竟，在试图度量“我”的生命成本时，“我”的目的不是为了确定“我”需要什么物品来达到预定的生活标准，而是计算“我”可以得到的物品的成本（和成本的变化）。因此，认为生活成本接近于家庭支出成本的观点是合乎逻辑的。此外，这种以家庭平均开支为基础来计算生活成本的方法与国民核算所采用的方法最接近，即以最终的消费者物价指数为基础。

这些对“生活成本”指数的直观思考与物价指数相去甚远，因为物价指数旨在计算购买一篮子固定消费品和服务所需支出所发生的演变。

它们与不变效用指数也大相径庭，不变效用指数是用来度量维持一定水平的“幸福生活”所需的最低支出，幸福的概念本身是规范性的，是社会经济文献中多次探讨的对象。这些争论既涉及各种基础理论，也涉及度量方法，两者密切相关。

2.5.3 竞争性贬值与CGT指数的终结

20世纪80年代，随着人们对物价指数的兴趣逐渐减弱，围绕CGT指数编制的氛围愈加紧张。80年代初，为了抑制通胀预期，工资的去指数化大大改变了社会形势。新的工资设定方法正在取代这一政策；从那时开始，工资与“预测通胀率”挂钩，“预测通胀率”成为工资增长的一个参考点。其创新之处在于，“对历史通胀率的事后指数化（Ex Post Indexation）被对预测通胀率的适度未来指数化（Ex Ante Indexation）所取代”；这种指数化的新方法附带了一项“追加条款”，即只有预测率偏离了事后记录的实际通胀率，该条款才生效（别兹巴赫，2011：95）。经济学家的预测值实际上总是低于实际通胀率（肖文、勒·比汉，2007），并且从20世纪80年代初期就协助控制实际工资的增长。

同时由于这些时代变化，CGT联盟中的工会会员无法不注意到，采用固定篮子商品计算CGT物价指数在统计方法上行不通，而且在1970—1980年间，生产与消费模式发生了根本性的变化。CGT的参考篮子因此也面临一系列挑战：许多商品必须换掉（例如因为仓储管理、产品的季节性更替、产品过保质期等问题，在物价调查期间商品没有上架销售），还有新产品和新品种的增加也需要考虑。

在技术层面上也是如此。采用固定一篮子商品的CGT指数越来越不能反映实际消费的变化。如图2.4所示，CGT指数和法国国家统计局物价指数之间的差距随着时间的推移逐渐缩小，直至最终变得不显著。

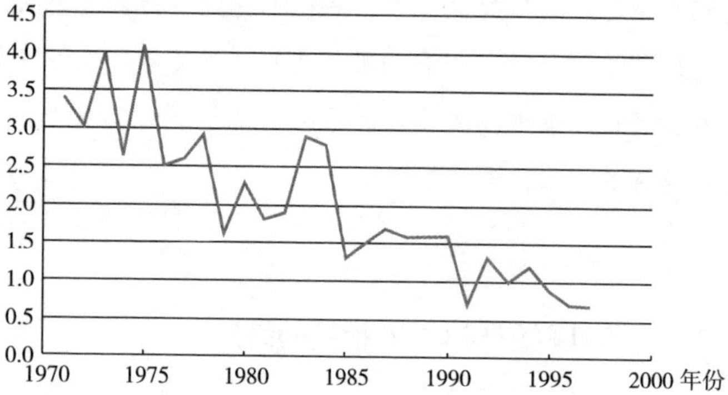

图2.4　1972—1997年CGT物价指数与INSEE消费者物价指数的年差额（百分比差额）

资料来源：1972—1998年《人民》月刊的数据，蒙特勒伊CGT档案。

总体而言，20世纪70年代末开始的经济政策的根本性变化、旨在控制通胀的货币主义政策、经济的金融化程度加大，以及大规模失业、工作制度的灵活性及工作和就业条件的恶化，逐渐将工会的注意力从CPI及其度量方法转向新的经济和政治问题。最终CGT在1998年停止了指数发布。

然而，与前一时期国家指数政策留下了烙印一样，这段时期 CGT 与 INSEE 之间的动荡关系对法国国家统计局的后续工作产生了持久性影响。至少直到 2010 年以后，法国国家统计局对围绕通胀评估的争议非常敏感，同时在通胀评估方法上保留了一定的决策自由。

2.6 20 世纪 90 年代和 21 世纪初：金融与政府行为

2.6.1 金融产品的指数化

虽然工资的指数化被部分降低，但其他商品项目在此期间和之后开始指数化。金融产品的指数化可以看作金融化国家的一种创新，同时再次激起了围绕物价指数计算的激烈争论。这是 20 世纪 80 年代初经济政策的主要转折点。债务逐渐被视作一种投资，反过来要求抑制通胀，以保证储户和债权人的回报（勒莫因，2016）。为了进一步安抚和保护储户，从 20 世纪 90 年代开始金融产品被引入指数（蒂内尔，2016：50）。1997 年，一种被称作通胀保值债券（Treasury Inflation Protected Securities，TIPS）的机制安排到位，以便在通胀情况下，为投资者提供固定经济回报（格林利斯、麦克勒兰德，2008：4）。这项措施在美国实施一年之后，法国财政部（Trésor Public）把约 10% 的债务变成 OATs（Obligations Assimilables du Trésor，法国财政部发行的可替代债券），即将 7 ~ 50 年期的政府债券，与不包括烟草在内的物价指数（OATi）或 HICP（OATie）挂钩。这些工具有时被称为“DSK 债券”（勒莫因，2016：145），由当时的财政部长多米尼克·斯特劳斯 - 卡恩（Dominique Strauss - Kahn）引入，并有效地将利率与通胀率挂钩，以使债权人避免通胀风险。这些债权人如养老金缴纳者，过去经常必须支付与通胀挂钩的流动资金（养老金、年金、受监管的储蓄账户等）。通过 OATi 债券，他们现在可以免受通胀风险的影响来购买这些债券，虽然收益率低于固定利率，但根据通胀率调整后一般能够收回成本。

时任法国巴黎银行（BNP – Paribas）行长的雅克·达菲（Jacques Delpa）受到邀请，代表经济分析委员会（Council for Economic Analysis）在对一份提出物价指数多元化的报告《度量购买力/度量采购能力》（穆阿提、罗什福尔，2008）作评论时强调了 DSK 债券在巩固金融化过程中所起的决定性作用。他把 2008 年公共债务对应 CPI 指数的总额定为 1500 亿欧元，并针对 CPI 计算所产生的争议告知公众："如果目前这种吹毛求疵的做法继续下去，继续质疑 CPI 的可信度，如果投资者开始相信 CPI 严重低估了法国的通货膨胀，那么带来的风险是，投资者将会抛售证券，或者为了保有 OATi 或 CADESi 债券投资，要求将证券与体现更高通胀率的指数联系起来。这将对公共财政、法国的金融信誉以及基于与价格挂钩的债券发行计划造成严重打击。到目前为止投资者还没有认真对待有关 CPI 的争论，但是一旦他们关注起来，财政部和社会债券摊销基金（Caisse d' Amortissement de la Dette Sociale，CADS）将如何继续资助 OATi 和 CADESi 的债券项目呢?"他总结道，"这就是为什么需要政府，尤其是财政部立即行动，结束围绕法国 CPI 的争论，不再设立多个一般物价指数，否则法国财政部在股票市场所建立的信誉将受到严重的影响"（德尔帕，2008：166）。围绕指数的争议达到狂热顶峰的时期，银行家们也参与到了争论之中。

2.6.2 "不含烟草"的物价指数

20 世纪 90 年代初，法国国家统计局遭遇了另一场争论。当时政府提议设立一个不包含烟草产品的指数，毕竟烟草经常是公共政策的攻击目标，税收政策也在日益紧缩以减少烟草的消费。消费品价格上涨会在整体上影响 CPI 值。激烈的分歧与争论之后，两个指数得以采用：一个是包括烟草的指数，适用于国际比较和与欧洲指数有关的统计（见下文）；另一个是不包括烟草的指数，以用于指数化方面。这个决定最初纳入了 1990 年 1 月的法案，其措施关涉社会保障和卫生，其中第五十一条规定，“全国统计和经济研究所有义务每月公布一个 CPI 指数，其中不包括任何烟草商品”。《奈尔茨法案》（the Neiertz Act）管控吸烟、尼古丁上瘾和酗酒，一年后相关法案得以出台，但当时是持续引发争论的典型事件。从指数中去掉烟草显然使政府能够增加对这一大众消费项目的税收，而不会对物价产生任何影响，因此也不会直接影响工资。这也是将构成一篮子“纯粹”商品的大致合理的物价分类出来的一种方式。烟草价格属于管理价格，可以合法地从篮子中去除。另外，其他物价被当作“真实的”消费者价格包括在篮子里。这种去掉烟草价格的做法也是在公共行为措施中引入道德考量的一种方式。统计数字成为政府的可靠工具，以一种明确的方式规范消费者行为。

烟草事件和上面两个指数的产生，极大地违背了法国国家统计局的意愿，并打开了多重物价指数的“潘多拉盒子”，从此以后，新的物价指数开始根据不同的用途而设立。

参考文献

[1]阿马特·M. 吕西安·马奇. 没有概率的数学统计? [J]. 概率与统计历史电子期刊,2005,1(1):1 -19.

[2]博德洛·Ch. , A. 勒博潘. 1950 年至 1975 年的工资[J]. 经济与统计,1979,7 -8(113):15 -22.

[3]别兹巴赫·P. 通货膨胀和通货紧缩[M]. 巴黎:发现出版社,2011.

[4]博斯金·M. J. ,E. 达尔贝格,R. 戈登,Z. 格里利克斯,D. 乔根森.

更准确地度量生活成本[R]. 提交给参议院财政委员会的最终报告,1996-12-04.

[5]布奈·J.,P. 皮昂涅尔. 法国经济:断裂与延续(1959—2006)[J]. 法国国家统计局通讯,2007,1136(5).

[6]博伊尔·R,J.-R. 豪林沃斯. 当代资本主义:制度的嵌入性[M]. 剑桥:剑桥大学出版社,1997.

[7]肖文·V.,H. 勒·比汉. 当前法国和欧元区的通胀度量与感知[J]. 法国银行公报,2007,160(4):19-35.

[8]切利尼·M.-P. 1944—1952 年法国的通货膨胀、情况和意见[D]. 法国经济和金融史专刊,一般研究论文集,1998.

[9]达菲·J.,莫阿泰·Ph.,R. 罗切夫特. 购买力度量[Z]. 社论,2008:163-168.

[10]格林利斯·J.,R. 麦克利兰. 解决对消费者物价指数的误解[J]. 劳动评论月报,2008(8):1-19.

[11]勒莫因·B. 债务的次序[M]. 巴黎:发现出版社,2016.

[12]马奇·L. 1910 年之前不同时期的工资和生活成本[Z]. 巴黎国家统计处,1911.

[13]莫阿泰·Ph.,R. 罗切夫特. 度量购买力——CAE 报告[M]. 巴黎:法国文献出版社,2008.

[14]莫登·J. 消费者物价指数[J]. 邮差周刊 978-979,1982(33):1-38.

[15]皮里奥·J. 消费指数:第二版[M]. 巴黎:发现出版社,1992.

[16]鲁切·J. 从一个危机到另一个危机:1907 年和 SGF 经济状况监测的诞生[Z]. 巴黎:INSEE 成立 70 周年研讨会,2016,5.

[17]拉格斯·R.,A. 里斯. 美国国会联合经济委员会“就业增长和物价水平的工作人员报告[R]. 第 86 届国会第一次会议,1959,12(24):109.

[18]萨里奥·J. 新的消费者物价指数[J]. 经济与统计, 1993,267

(1):3－12.

[19]斯台普福德·Th. A. 美国的生活成本:经济统计的政治历史(1880—2000)[M]. 剑桥: 剑桥大学出版社,2009.

[20]泰瑞特·B.，文森特·戈佑,本杰明·勒莫因. 公共资金与经济体制的政治秩序:与企业家布鲁诺·泰瑞特的访谈[J]. 起源,2010(3):136－152.

[21]蒂内尔·B. 公债:走出灾难[M]. 巴黎:行动的理由出版社,2016.

[22]图克莱·B. 法国零售价格五十年,从 13 项商品到 250 项商品:科学和政治学习[Z]. 在历史与管理研讨会上的交流,CRG, IAE,图卢兹:《度量》,11 月.

[23]图克莱. 度量价格的标准:围绕消费者价格指数的政治、官僚和社会斗争(1911—2012)[J]. 政治,2014,1(105):117－138.

A Political Economy of the
Measurement of Inflation
The Case of France

3

欧洲的转折点

3.1

《马斯特里赫特条约》(1992) 和 HICP

1992 年的《马斯特里赫特条约》(Maastricht Treaty) 建立了欧洲联盟(EU),并为经济与货币联盟(EMU)的创建和实施设定了时间表。该条约规定了有兴趣加入 EMU 的国家在一体化之前和之后必须达到的收敛标准。特别重要的是,各成员国财政赤字占国内生产总值的比重必须控制在 3% 以内,公共债务占国内生产总值的比重必须控制在 60% 以内。

3.1.1 《马斯特里赫特条约》与通货膨胀

《马斯特里赫特条约》也有助于抑制通货膨胀,因为在利率和通货膨胀方面,条约规定通胀率不能超出物价最稳定的三个成员国的 1.5 个百分点。从 20 世纪 80 年代末开始,那些寻求加入欧洲货币联盟的国家就为实施符合欧洲标准的严格政策作准备,协调用于度量通货膨胀的各种方法,而且在更广泛的层面上,建立了一种“自主政府”的形式(萨维奇,2005)。早在 1925 年(即国际劳工组织理事会召开第二次国际劳工统计学家会议之时),国际劳工组织(ILO)就在全球范围内引入了统一度量通货膨胀的程序(ILO 等,2004),因为这也是欧盟统计局的当务之急。但是这似乎是一项不可能完成的任务,因为各国的统计体系截然不同。1995 年 10 月,欧盟(EU)通过了一个框架监管系统,为成员国在构建消费者物价指数时使用统一方法奠定了基础。生产和出版调和消费者物价指数(HICP)是强制性的。它必须涵盖“相同的消费品和服务,并使用相同的分类”,即按目的分类的个人消费(COICOP)。

通过一系列具有法律效力的法规和指示,欧洲统计局(Eurostat)成为统一欧洲货币联盟各国关于物价指数的定义、分类、方法和范围方面的权威机构。欧洲中央银行采用了HICP，将其作为价格稳定的指标。然而，各成员国的HICP和CPI的计算方法并不相同。

一方面是《马斯特里赫特条约》订立的标准；另一方面，在随后的阶段里，各个国家为准备资质加入欧洲货币联盟，逐渐将通货膨胀从经济政策领域中排除。毕竟通货膨胀是降低债务与GDP比的可能手段之一，1950—1980年的经济运行曾做过这方面的尝试。根据经济学家布鲁诺·蒂内尔（Bruno Tinel）的说法，这种通过经济约束以达到极低通胀率的经济形势标志着金融放款人的“胜利”，因为通货膨胀使改变“放款人与借贷人之间的收入分配”成为可能（蒂内尔，2016：49）。从经济学的角度来看，由于通胀不再能消化部分公共债务，福利国家越发受到鼓励，转而通过缩减相当大一部分支出和消费来缩小其活动范围。经济政策中的债务工具选择正日益技术化和客观化，政府机构采取纯技术化的方法以保持较低的通货膨胀率。这些措施都超出了民主机构的能力范围，也使成员国失去了一些自主权。

专栏3.1　COICOP分类

COICOP分类法是商品和服务消费的功能主义表示法。自2016年以来，COICOP已形成了五个国际标准化层级（1998—2016年只有三个层次）：第一级包括四个大类（如“衣服和鞋子”），第二级分为37个“小组”（如“布组”），第三级有95个“种类”（如“服装面料类”“衣服类”），第四级有161个“子类”（如“女性内衣”），第五级有305个“品种”（如“短裙”“连衣裙”“女人的裤子”）。

最详细的层次是由“品种”构成的，品种包括商品价格 i 及销售店铺 j。

3.1.2 HICP

3.1.2.1 调和消费者物价指数（HICP）的创建背景

欧洲联盟和欧洲中央银行的成立为创建指数提供了条件，该指数将被用作度量价格稳定性的收敛标准。根据欧盟统计局网站，HICP 的方式是为了“在欧盟和欧元区提供度量消费物价增长量的方法”，能够最好地“在金融政策分析框架内评估收敛程度和物价稳定性”。

法国从 1998 年开始实行新分类，当时正在向第七代物价指数过渡。值得一提的是，尽管 1950—1990 年期间的前 20 年（1950—1970 年）政府与法国国家统计局之间政治斗争激烈，后 20 年（1970—1990 年）工会与法国国家统计局在 CPI 的构成与评价上有诸多分歧，但是 HICP 及其相关方法规则在全国得到了拥护。欧共体统计局开始承担国家统计中的价格采集与审计工作，并将可靠性和可比性放在了优先位置。欧盟统计局继续对各国统计机构进行定期审计，特别是自 2005 年以来采纳了欧洲良好的统计规范，并请各国统计机构予以遵守。法国国家统计局接受了两次审计检查，一次是在 2007 年，另一次是在 2015 年。

3.1.2.2 HICP 的计算原理

HICP 是拉斯佩尔类型的指数，其基础由家庭的消费模式和基准年的消费人口组成。国际组织认为拉斯佩尔指数是纯粹的物价指数，“以维持家庭消费模式的支出的变化为基础，度量的是物价的平均变化”（ILO 等，2004：附件 1，454）。HICP 的原则是其覆盖范围为家庭最终的货币消费。这一定义造成了一定的后果。与法国的情况一样，这一定义意味着到目前为止，购买房产的成本尚未包括在 HICP 中（在会计术语中，HICP 被视为一种家庭投资行为）。同样，欧盟的统计也不包括自住业主的估算费用

（“估算租金”），尽管欧盟统计局的文件中还保留着在 HICP 中添加自住业主购置净成本指数的计划。如果在未来采用这种做法，将打破消费者物价指数（CPI）仅限于消费者物价的经济原则，该指数将逐步调整为 GDP 价格平减指数（GDP Price Deflator）的形态。

由于自住业主家庭的比例是可变的，欧盟选择这种方法意味着在 HICP 中，住房的权重在各成员国之间是不同的。根据法国央行（Banque de France）2003 年进行的一项旧的研究（《法国央行公报》第 115 期），自住业主所占比例为 53.1%，而房屋成本（即租金）在 HICP 中所占比例为 7.9%。另外，德国自住业主的比例为 41.0%，HICP 中住房成本的比例为 12.4%。可以看出，住房权重对价格演变的一般度量结果产生的影响并不小。

这一选择还导致对管制物价的区别对待，例如在社会政策上会有一些差异。在计算某些公共服务的价格时，欧盟统计局考虑的是净价，德国的情况尤其如此，而法国的 CPI 使用的是毛价。在计算医疗服务（如医生和牙医、实验室分析、药品等）和社会服务（如医疗保险、补充医疗保险、托儿所等）的价格时，法国 CPI 计算的是“毛价”，即“没有考虑社会政策”的市场价格，而欧盟统计局选择的是扣除社会转移后的“净价”。净价是消费者实际支付的价格，也可以说是在“全部或部分费用已经由国家、国家代理机构、社会保障机构支付”之后消费者所支付的货币数（巴瑞特等，2003）。一方面，这些选择可能导致不同的价格水平，另一方面，公共政策及社会保障补偿方面的变化，会视公约的不同而对物价产生显著影响。根据某些评论人士的说法，“对医疗保健品价格实施监管会使该指数依赖于政府的决定，从而模糊了对经济中纯粹通胀过程的度量”（巴瑞特等，2003：15），而这正是 CPI 应该捕捉到的。博斯金在 1996 年对美国提出了类似的批评。巴瑞特等表示，“2000 年 7 月，医疗保健品价格的年度变化依据 HICP 是 1.4%，但依据 CPI 只有 0.3%”。这对整体指数产生了直接影响，因为当年 HICP 比 CPI 高出 0.3 个百分点。英国的情况甚至表明，在 1999—2002 年期间，CPI 和 HICP 之间的通胀率差异高达 4 个百分点（巴瑞特等，同上：6）。

3.2 向欧元过渡期间的物价指数

1999 年金融市场的欧元化成为现实，且自 2002 年 1 月 1 日起开始引入欧洲信托货币。市场对这种新货币的信心似乎相对稳定，但是各国政府和欧盟却在努力建立公民对欧元的信任，并提出了几个理由，其中之一就是 20 世纪 90 年代的低通胀率。法国经济部长洛朗·法比尤斯（Laurent Fabius）在欧元正式成为法定货币当日写了一篇观点文章发表在《世界报》上，他坚持认为欧元将比法郎更稳定，因为法郎在过去的 50 年间贬值了“20 次”。“欧元区的通胀率得到了控制，低于 2%，这将使我们的货币具有较高的国内购买力”（《世界报》，2002）。消费者们都配备了计算器，方便将法郎兑换成欧元，当时的汇率是 1 欧元兑换 6.55957 法郎。

控制货币的过程受到了管制。为了方便向欧元过渡，欧盟与主要零售商签署了一项协议，其中包括“在 2001 年 11 月 1 日至 2002 年 3 月 31 日期间保持整体物价稳定的承诺”。这项承诺在法国“通过食品工业代表和大型零售商代表之间的国家协议（不包括农业、季节性和差异定价产品）”得以实施，竞争、消费者事务和欺诈控制总局（Directorate General for Competition, Consumer Affairs and Fraud Control, DGCCRF）派专员监督，以防止任何可能的“意外事件”（《世界报》，2002）。

2002 年，尽管法国政府试图通过定期发布的声明平息公众舆论，但人们仍然对通货膨胀可能卷土重来感到非常焦虑（早在 1 月 11 日，《世界报》就曾问："引入欧元会不会重新引发通货膨胀?"），小商店老板、咖啡馆、餐馆和大型零售商的商业行为轮流受到怀疑。2002 年 5 月，欧洲央行对服务业价格的急剧上涨表示担忧（《世界报》，2002）。消费者协会发声，强调某些产品（包括油和巧克力）的价格在急剧上涨（UFC，2003）。引入欧元是一件大事，但法国国家统计局在其季度报告中认为，欧元对通胀的影响可以忽略不计，2002 年 1 月至 9 月的总通胀率约为 0.14 个百分点。2002 年年底，法国国家统计局在一份经济展望报告中记录了相对较低的通货膨胀率：到 2002 年 11 月底为 2.2%，而 2001 年为 1.7%，并进一步指出，官方消费者物价指数符合《马斯特里赫特条约》的标准。

3.2.1 法国国家统计局向欧元的过渡

2002 年，向欧元过渡成为大势所趋，电视、广播和报纸记者频繁询问，迫使国家统计局（INSEE）进入积极状态。媒体怀疑 CPI 没有考虑所有的价格变化。法国国家统计局以各种方式对此做出了回应，起初非常谨慎，因为这个数据生产组织历来的目的是阐明公众争论，而不是引发争论。物价科和经济趋势部负责回答公众疑问，同时也回应媒体的问询。

面对公众普遍认为物价已经大幅上涨的情况（"舆论"这个词自此得到广泛使用），法国国家统计局展示了自己的教育才能：它坚持认为通货膨胀在很大程度上得到了控制，但自 2000 年以来，官方指数与民众对通胀的认识逐渐产生了差距。国家统计信息委员会（CNIS）在 2005 年 11 月 7 日的年会上专门讨论了造成通货膨胀和 CPI 之间产生差距的原因。2006 年 3 月，《CNIS－编年史》（第 4 期）上刊出了一篇题为"购买力的感知与度量"的文章。该文首先关注收入问题，承认"向欧元过渡所造成的破坏"，并建议对低收入者进行更大幅度的价格上调（同上：3）。

民众对通胀的感知与官方通胀率之间存在差异，关于这个问题有许多相关报告、备忘录和工作组进行了关注。2003 年，国际货币基金组织

（IMF）的董事、总经理德国人霍斯特·克勒（Horst Kohler）成立了宏观经济统计与 CPI 工作组（基内，2008：7）。国际货币基金组织无疑受到来自欧洲国家，尤其是德国的压力，德国在 2001—2004 年期间这个问题特别严重。法国有两份报告：一份来自 CNIS（《从感知到度量购买力》，2006），另一份来自议会（马里顿，《理解的度量》，2008），反映了对这个问题日益激烈的争论。

这两份报告引起了广泛关注。第一份报告由菲利普·莫阿蒂（Philippe Moati）和罗伯特·罗什福尔（Robert Rochefort）撰写，并于 2008 年提交给经济分析委员会（Conseil d'Analyse Économique，CAÉ）（莫阿蒂、罗什福尔，2008）。罗什福尔当时是 CAE 成员，也是生活条件观察及研究中心（Centre de Recherche Pour l'éTude et l'Observation Des Conditions de Vie，CRÉDOC）的主任。这份详细的报告是受当时的总理多米尼克·德维尔潘（Dominique de Villepin）委托编写的。这份报告在很大程度上借鉴了莫阿蒂和罗什福尔为 CAE 提交的报告中的建议，是"关于协会经验与当前研究"的报告（同上）。几个月后，时任财政部长克里斯蒂娜·拉加德（Christine Lagarde）组建了家庭购买力委员会，由阿兰·基内（Alain Quinet）担任主席。该委员会历时三个月，会集了"消费者和家庭协会的代表、学术专家以及法国国家统计局内经济和财政部门的专家"（基内，2008）。

这些报告和工作组的主要目的是度量购买力和（或）CPI。所有报告都强调了对公众舆论的评估，特别是公众对背离官方物价指数的通货膨胀的感知。他们找到了一些原因来解释这种在法国持续存在的差距，所提供的解释（见下文）说服了那些还没有质疑法国国家统计局工作的社会团体。这些报告大多认为需要向公众提供更好的关于物价指数的信息，并特别指出，正向通胀率并不一定意味着购买力的直接损失，因为购买力也取决于名义工资的变化。然而一些消费者组织对公众只需要更好地了解情况的说法感到愤怒，因为这其中暗含着大部分法国人都完全无知的意思。

3.2.2 通胀感知度量方面的进展

随着2002年欧元的问世，法国家庭对这种新货币的信心开始崩溃。物价上涨很快受到消费者协会的谴责，但是法国国家统计局最初采取了一种缓和观望的立场，认为通货膨胀加剧的看法没有任何实际依据。最后法国国家统计局正式提出家庭对价格演变的感知与官方指数所反映的价格演变之间存在差距的假设。

严格地说，指数感知的提法并不新鲜。例如，“生活成本的心理指数”的概念从1945年一直使用到20世纪60年代初。这一指数一年编制好几次，基于以下问题：“在您看来，您所在地区的四口之家每月需要多少钱才能生活?”该报告由法国民意调查所（IFOP）完成（切利尼，1998：138）。取而代之的是法国国家统计局开展的月度家庭经济前景调查（Camme），为分析师和政治决策者提供有关家庭对宏观经济趋势（经济增长、价格上涨等）的看法方面的信息，并有助于形成消费者的“士气”指数。

自1996年以来，法国国家统计局对过去6个月民众关于通货膨胀的看法进行了调查。民众被问到以下问题：“您发现在过去的6个月里，价格是否大幅上涨/适度上涨/略微上涨/停滞不前/下降了?”2004年推出了这项家庭经济前景调查的修订版。调查问题在考虑到欧洲情况后进行了调整，并就法国过去12个月和未来12个月的总体经济形势（总体经济形势、失业和通货膨胀）征求意见。该调查提供了家庭意见变化方面的信息（《信息速递》，2007-02-28：2）。通过每年计算“积极反应和消极反应之间的百分比差”（同上：1）和长时间追踪，以达到意见的平衡（见专栏3.2）。这项针对2000人的抽样调查问卷的目的是对过去的通货膨胀进行定量评估。在初步分析中，由法国国家统计局和法兰西银行评估民众对通货膨胀的反应，发现“民众意见高度分散且一般高于CPI度量的通胀率”。受访者经常表示，年通胀率达到15%、20%，甚至25%（阿卡多等，

2012）。

与此同时，欧洲央行（ECB）委托一些经济学家在海因茨·克里斯蒂安·迪登（Heinz Christian Dieden）的指导下编写了一份报告（迪登等，2006）。该报告题为“欧元区消费者对通胀的定量感知和预期：第一次评估”。该报告经调查发现，所有欧洲国家对通胀的感知和官方指数之间都存在着非常明显的差异（见图3.1）。法国的差距尤其大：2004—2010年，这一差距一直保持在6个百分点左右（阿卡多等，2011：4）。

图3.1 欧元区1998—2008年HICP与欧洲家庭对通胀演变的感知指数的比较

资料来源：欧盟统计局，来自马里顿（2008：16）。

在一些欧洲国家，家庭对过去价格演变的评估能力提升得相当迅速。阿卡多等认为，家庭所感知的通货膨胀在逐渐下降，早在2004年中期的德国（见图3.2）和2005年以来的意大利，家庭所感知的通货膨胀就达到了与CPI度量的通货膨胀相一致的水平。

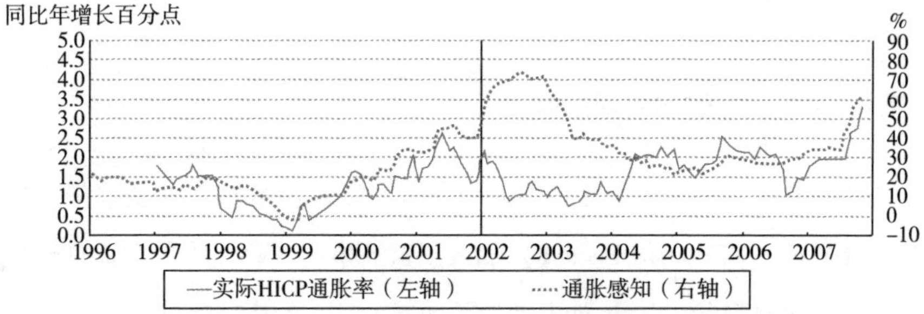

图3.2 德国1998—2008年HICP与家庭对通胀演变的感知指数的比较

资料来源：欧盟统计局，来自马里顿（2008：16）。

西班牙和希腊的通胀感知差距有所缩小，但家庭对通胀的感知仍高于官方指数。葡萄牙和爱尔兰在2003 年春季时差距达到峰值后，随着通货膨胀的紧张局势减缓，家庭对通货膨胀的感知回落（阿卡多等，2007：71）。法国似乎依然存在某种程度的例外主义，在10 年时间里CPI 与通胀感知之间的差距都比其他欧洲国家更大（见图3.3）。直到2016 年，这一差距才似乎开始缩小。

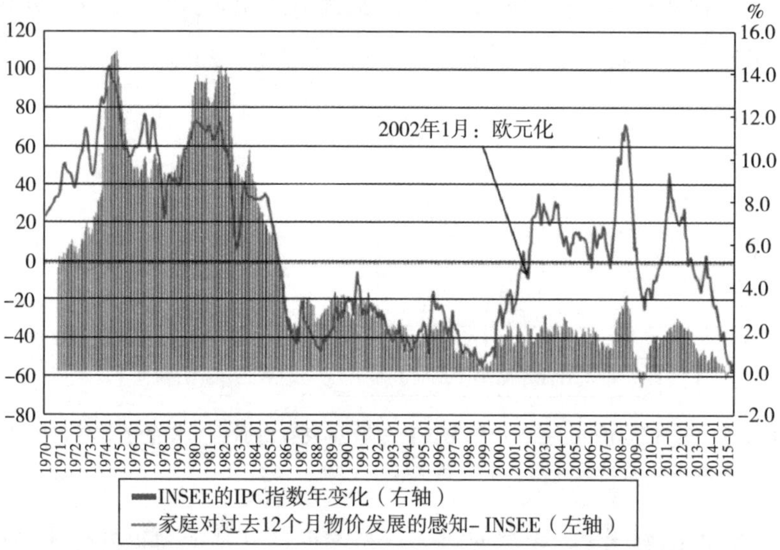

图3.3　法国1970—2016 年HICP 与家庭对通胀演变的感知指数的比较

资料来源：皮昂涅尔（2015）。

3.2.3　新因素

3.2.3.1　大型零售商的加入

在这一非常时期，法国著名的大型超市网络总监米歇尔－爱德华·勒克莱尔（Michel－Edouard Leclerc）加入了这场争论。勒克莱尔宣称自己是家庭购买力的捍卫者（因此要推动低价政策），并在某种程度上可以取代渐趋弱势的工会。工会自20 世纪80 年代中期以来，在对待官方统计数据的立场上一直态度暧昧，总的来说，他们热衷于对自己的机构表达忠诚（庞尼萨特，2009：42）。工会相当正确地指出，民主社会迫切需要可靠的机构来提供可靠的官方统计数据。

专栏 3.2 家庭对通货膨胀的感知度量

自 1996 年以来，法国国家统计局一直基于以下问题评估家庭对通货膨胀的看法："您发现在过去六个月里，价格（M1）急剧上升/（M2）适度上升/（M3）略有上升/（M4）停滞/（M5）下降了吗？"自 2004 年以来，这个问题被问及的是过去 12 个月的通胀情况，而从 1996 年到 2003 年，受访者被问及的是过去 6 个月的通胀情况。在第二波问题中，家庭被问及对通胀的预期，问题变成："从过去 12 个月的发展情况来看，你认为未来 12 个月的 CPI 将会发生怎样的变化？"可能的答案是：将会快速上涨/将以同样的速度上涨/将上涨得慢一些/将停滞不前/将下降/我不知道。

为了构建综合指标，法国国家统计局仿照其他基于感知的经济前景调查（尤其是关于失业），平衡了积极意见和消极意见的观点。在这种情况下，根据给定模态的数量，中值模态分配的权重系数为 0，两端的极端模态给定的系数为 1，较合格的模态的系数为 1/2。平衡值 = M1 + [1/2 × M2] - [1/2 × M4] - M5。在图 3.3 中，左轴上确定了意见平衡的规模。事实上，1974—1999 年的通货膨胀曲线和意见平衡曲线的叠加效果是完全常规的，能够显示出 2000 年以来就存在的差距。在 2007 年和 2009 年的调查中，增加了一些日用品价格演变的补充问题，抽样调查了 10 种商品的价格变化情况：面包、肉、牛肉、食用油、电费、汽车修理费、汽油、电话费、洗衣机和电视。问题是："你发现这种商品的价格上涨得更快、更慢，还是与价格的总体发展速度一样？"

自 2004 年以来，Camme 的调查对这种度量方法进行了补充，采用定量的方法度量人们对通胀的看法。他们电话采访了2000个家庭，问及居民对当年通货膨胀的估计。例如，在2008年，3%的家庭认为通胀率为25%，而在2010年，4.5%的家庭仍然认为通胀率为20%。2004—2010年，法国国家统计局度量的通货膨胀率与个人对通货膨胀率的看法之间的平均差距一直保持在6个百分点左右（阿卡多等，2012）。这项调查也在欧洲展开，且在2016年之前继续显示出度量的通胀和感知的通胀之间的明显差距（见图3.4）。

资料来源：阿卡多等（2012），阿廖利等（2017）。

2004年2月，勒克莱尔发起了一场公开的广告宣传活动，挑战法国国家统计局对2003年家庭购买力的判断。当时的经济和财政部长尼古拉·萨科齐（Nicolas Sarkozy）在吸引公众对这一争论的关注方面发挥了关键作用，因为他经常谴责"大规模零售业的价格上涨"（达塔，2009：26），同时也将部分论点指向法国劳工成本过高。勒克莱尔坚持认为，物价指数应该能够反映出通过销售渠道分销的商品价格的演变。部长尼古拉·萨科齐要求尽快建立一个大规模零售业物价指数，时任法国国家统计局总干事的让-米歇尔·查尔平（Jean-Michel Charpin）对此作出了专业回答。这个项目的目的是消除对大型零售部门的争议，因为大规模零售业占据了"食品和其他日常消费品的绝大多数市场份额"，"在法国消费者的日常生活中"起着举足轻重的作用（阿卡多等，2007：71），也在影响着消费者对价格演变的感知。法国国家统计局在验证了该类指标的可行性和将其纳入统计版图的适宜性之后，于2004年编制了一个指数。该指数使用了可用的数据和有限范围内的日常消费品（食品、家庭护理产品、个人卫生和美容产品等）（阿卡多等，2007）。法国国家统计局承认——偶尔一次也无妨——数据并不完全可靠，因为没有进行过具体的调查，所以整个项目就像是一份临时工作。所得到的统计数据表明，大规模零售价格指数在向欧元过渡之前就已经开始上升（1998/1999 年）。

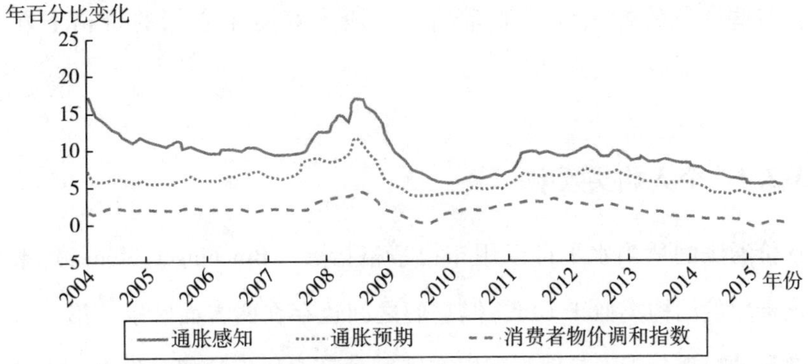

图 3.4　2004—2016 年欧盟的通胀感知、通胀预期和消费者价格协调指数

资料来源：阿廖利等（2017：17）。

3.2.3.2　2007 年总统竞选的影响

2007 年以及随后几年法国经济发展艰难。在 2007 年总统竞选期间，尼古拉·萨科齐曾发布如下法令：“我不希望任何人再嘲笑法国的物价指数毫无意义”（达塔，同上）。这种对法国国家统计局产出之可信度的正面攻击，迫使官方统计部门比以往更积极地开展媒体宣传活动。这一事件表明，不仅物价指数的历史仍然与法国国家统计局和政治力量之间的关系密不可分，而且催促法国国家统计局的新总干事让 - 菲利普·科蒂斯（Jean - Philippe Cotis）召开一系列的新闻发布会，旨在为主要宏观经济总量的统计基础提出指导建议。

3.3

什么是“正确的”价格通胀水平？

自欧元问世以来，所有欧洲国家都在就物价通胀的适当水平展开讨论，许多解释因素开始发挥作用。人们提出了各种各样的观点，值得注意的是，有些产品的购买频率非常高，一般家庭对于它们的价格上涨更敏感。

3.3.1 个人购买频率

物价通胀的适当水平可以用布拉辛格指数（Brachinger's Index）来检验。该指数的结构类似于 CPI，但它们之间也存在两方面区别。第一个区别是商品的权重分配不是根据它们在家庭预算中所占的相对份额，而是根据它们被购买的频率。这是根据家庭预算调查计算的。第二个区别是那些“其价格上涨被赋予了一个因子 K 的超额权重”商品，K 是特维斯基和卡尼曼（1991）定义的损失厌恶系数。损失厌恶是一个源自行为经济学的概念，是指人们在面临同样数量的收益和损失时，认为损失更加令他们难以忍受。在法国国家统计局和法国银行进行的测试中，“对该系数的两个值进行了检验：$K=1$，1 和 $K=2$ ”（阿卡多等，2012）。他们绘制了图（见图 3.5）予以说明，平均而言，根据购买频率调整的指数，加上强损失厌恶系数，就可以消除物价指数和个人感知之间的差距。换句话说，这些心理变量可以解释感知和 CPI 之间的差距。

3.3.2 社会职业类别之间不平等现象日益明显

法国国家统计局具有为社会经济现象提供结构性解释的悠久传统。这是由于其官员所接受的技术培训——至少在 20 世纪 80 年代之前是如此——他们精通将经济学和社会学有机结合起来的分析。因此一些统计学家很快提出了这样一个假设，即欧洲人口的日益多样化可能解释了人们对物价指数失去信心的原因。作为一个平均数，当不平等加剧时，物价指数成为一个更麻烦的参考点。在一份题为“家庭对购买力的度量与感知”的长篇报道中（阿卡多等，2007），法国国家统计局提出，应该根据不同的社会职业类别来建构不同的物价指数，根据不同的消费结构调整权重，而这些信息可以从家庭预算调查中得出。其基本假设是“各种社会职业类别受到价格变化的影响是不一样的”。然而，阿卡多调查的结果（阿卡多等，2007：75）有些令人惊讶，社会职业类别对物价指数变化的影响非常小，对收入/消费单元指数的影响稍强，但仍有限（消费单元是指分配给家庭成员的系数，考虑了家庭消费的经济规模）。

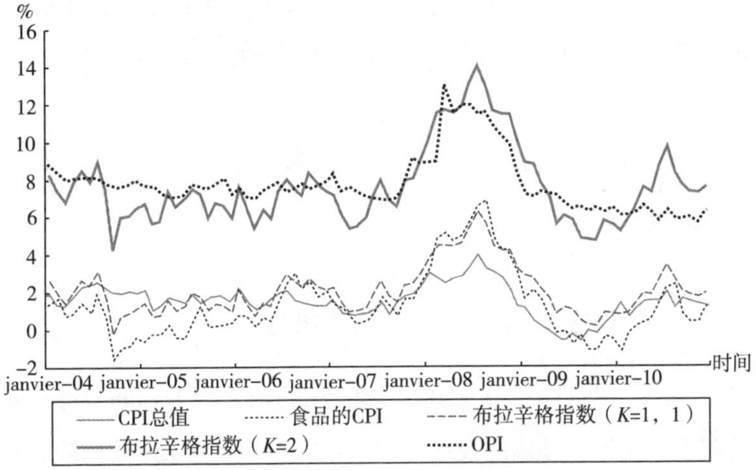

图 3.5　CPI 度量的 12 个月的通胀率、通胀感知指数（IPI）和布拉辛格指数

注：案例：2004 年 1 月，根据 CPI，过去 12 个月的通胀率为 2%；同一天，通胀感知指数（IPI）为 8.95；同日的布拉辛格指数，视对上涨价格分配的超权重值（参数 K），为 2.7% 或 8.5%。

资料来源：阿卡多等（2012：3）；INSEE：消费者物价指数；Camme 调查；2006 年家庭预算调查。

影响力相对缺乏的原因之一在于，这些“分类物价指数”是用相当基础的方式计算出来的。毕竟所使用的数据仍然是所有家庭的数据，只是权重发生了变化。然而，社会职业类别修正预算系数并不是造成通货膨胀感知差异的唯一因素。第二个决定性因素是产品范围效应。这里考虑到蓝领或低技能的白领家庭与高级管理者家庭所购买的产品或服务不属于同一个级别：不同的“咖啡”、不同的“轿车”、不同的“水果与蔬菜”，以及不同的“服务”。这些产品范围效应可以影响结果，但其影响的方向无法预测，因为CPI调查没有从这个角度进行更详细的观察，这是令人遗憾的。

自2007年以来，由于分类指数差异的结果缺乏统计意义，而且毫无疑问，专家们对“社会阶层”问题的兴趣下降，这条调查路径已经关闭（佩尔福、斯皮雷，2008；比代等，2012）。如果要重新开放此类调查以作更详细的分析，将需要更多的数据资源。顺便说一句，家庭CPI指数被用于全国最低工资标准一段时间之后，于2013年被“生活水平分布前1/5的家庭指数”所取代，进一步证明社会阶层的问题已基本被排除在统计描述之外。

另一种假设——家庭“非自愿”支出的程度——出现了，并获得了政治家们的高度关注。

3.3.3 非自愿支出：旧现实和新概念

时任经济和财政部长的克里斯蒂娜·拉加德（Christine Lagarde）在寄给财政监察长艾伦·基内的授权信中表示，希望“委员会能够调查‘非自愿支出现象’，对这个概念给出足够精确和合理的定义，以用于定期计算这种支出水平历时变化的指数”。

关于家庭支出中的非自愿组成部分的概念，工会已经关注了几十年。它是“购买力”难题中的一部分（在多大程度上消费者是真的有能力去购买，而不是义务驱使），可能指向许多不同的情况。例如，可能指预先承诺的家庭消费支出（合同、认购，或更一般情况下的契约使用权）；还可能涉及必要甚至重要的支出（食品、保健产品和服务、与工作有关的支出、汽车等）。BIPE是一家开发非自愿支出指标的咨询公司，“在其定义中包括了与住房、强制保险、公共交通和贷款还款（用会计术语来说就是储蓄）相关的成本，这些在2006年占可支配总收入的33%”。直到“这些必要的或重要的非自愿成分减掉之后，剩下的“可支配的”或“自由的”收入才能确定下来——有的地方称之为“解放了的购买力”（BIPE，2006），代表着“家庭支付非自愿款项后剩下的部分”（基内，2008：13）。

基内委员会起草了基于实证的“固定费用”列表，包括与住房相关的支出（租金、水费、天然气、电费和其他家用燃料）、食堂费用、电视服务（执照费、支付订阅频道）、保险（不含人寿保险）和金融服务（FISIM及其他金融服务）。在此基础上，法国国家统计局计算出，固定支出在法国的份额正以惊人的速度增长，从1959年的14.7%上升到2016年的33.7%（见图3.6）。根据法国卫生部公共事务局的调查、研究、评估和统计数据，2011年非自愿或预先承诺的支出占到贫困家庭（即贫困线以下）可支配收入的61%，与此对比，在25%的富裕家庭中只占到24%。

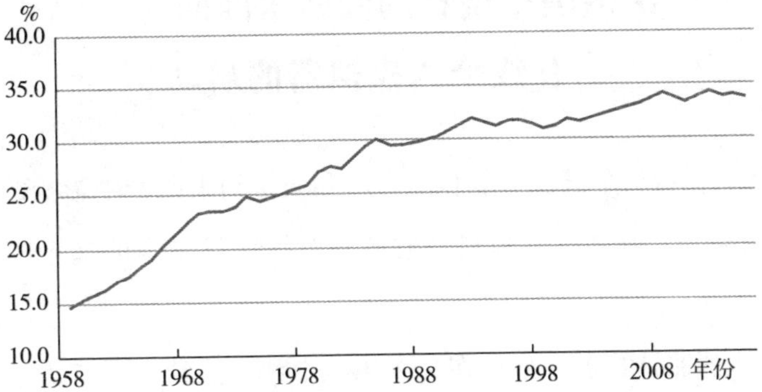

图3.6 1959—2016年法国预先承诺支出的演变

资料来源：INSEE，2016年国家账目。

这种“非自愿消费”的概念可以延伸到一系列情况，在这些情况下，处于特定社会制度空间中的个人可以购买行为作为回应。如前所述，这可能与监管安排有关，特别是那些为了将环境或社会成本内化而实施的安排，以及因为社会压力（如模仿）或生产商战略而进行的采购。法国国家统计局内部对非自愿和自由支出的概念进行了讨论。尤其令部分经济学家感到不安的是，他们一直认为购买行为是明智的消费者在自由条件下进行的，没有受到任何约束，支付的价格反映了双方的实际效用。

非自愿支出的概念，在报告中基于不同的定义有不同的评估，反映出另外一个问题，即质量约束问题。如果价格真的要反映质量的演变，那么市场必须是自由的，质量必须由消费者来选择。然而由于诸多原因，推出新产品可能会产生对于生产商的“善意”，与产品质量的好坏无关，而只是由于一个简单的事实，那就是消费者没有其他参照对象（莫阿泰、罗切夫特，2008），而生产商正试图在其经营范围内重新建立某种垄断形式。同样，部分产品的质量受到各种标准、规则和惯例的高度限制，且在不同时期可能有所不同（见第4章）。

3.4 法国国家统计局闻所未闻的回应：在线个人模拟器的启动

尽管人们探讨了通胀、非自愿支出和质量约束所产生影响的公开情况不一致的问题，但都没有预料到欧洲几个统计局做出的迄今闻所未闻的回应。

“个人通胀计算器”已经在几个国家上线。这种做法是为了让所有的消费者都能够借助自助模拟器大致计算自己的实时个人通胀率。这个设备的开发是为了假定消费者在计算上的“超理性”，但也是一种遏制物价指数信心危机的尝试。早在2006年，德国统计机构（Destatis）就在其官方网站上上传了一个个人计算器的初始版本，用户可以根据自己的个人消费结构进行修改。《SIGMA－欧洲统计公报》杂志对该成果进行了报道（纽茨，2006）。欧洲其他国家统计处当时正在频繁召开双边或多边会议以平息物价指数信心危机，他们紧跟德国的步伐，并建议让创新的统计方法和相应的专业知识在欧洲和国家间流通，以提高计算速度。英国早在2007

年，其国家统计处的两个统计学家就介绍了英国国家统计局的一个专门用于计算个人通胀率的网站，消费者可以输入自己的个人消费权重来模拟个人通货膨胀。2017年第一季度，法国国家统计局直接借鉴了德国的经验，召开了双边会谈，旨在遏制对物价指数的信心危机。法国国家统计局也推出了一个在线模拟器，任何人都可以上网使用（见专栏3.3）。

统计机构开发个人模拟器和采用图形显示方法有这样几个目的。他们试图取悦极度理性的消费者，平息公众的争议，并帮助恢复该指数的合法性，同时也为了证明个人生活成本指数的合法合理性。这些官方统计机构还认为，指数与个人相关联后，可以维护平均指数编制过程的合法性。这种新的统计工具也反映了国家治理的普遍模式，即数据处理中心的数量在增加，评估体系也越来越个性化（德罗西埃，2008）。由个人计算的物价指数形成了一种个性化的统计描述模式，虽然没有任何法律认可，却能使每个人通过理性和最佳方式来有序地生活。这些工具揭示出官方统计机构穷途末路的困窘状态，人们很可能也会怀疑它们是否剥夺了官方统计机构的开阔视野，而这种视野正是为经济主体协调经济活动而生产集体认知机制所必需的（雅尼-卡特里斯，2018）。

专栏3.3　曲线的舒缓效果

呈现个人生活成本变化趋势的方式可以争论；如果以当年为基准100，则图3.7所示的图表给人的印象是，价格正在趋同。与此相反，在图3.7中，官方公布的年通胀率是1.4%，而虚构的消费者（没有汽车，只消费很少的半耐用品或休闲用品）个人通胀率从2000年起每年为1.9%。然而，总体而言，官方通胀率和个人通胀率之间的差距在16年半的时间里为10个百分点（根据官方指数，通胀率为26%，虚构的个人通胀率为36%）。如果采用2000年作为基准100，差距将会扩大而不是缩小。

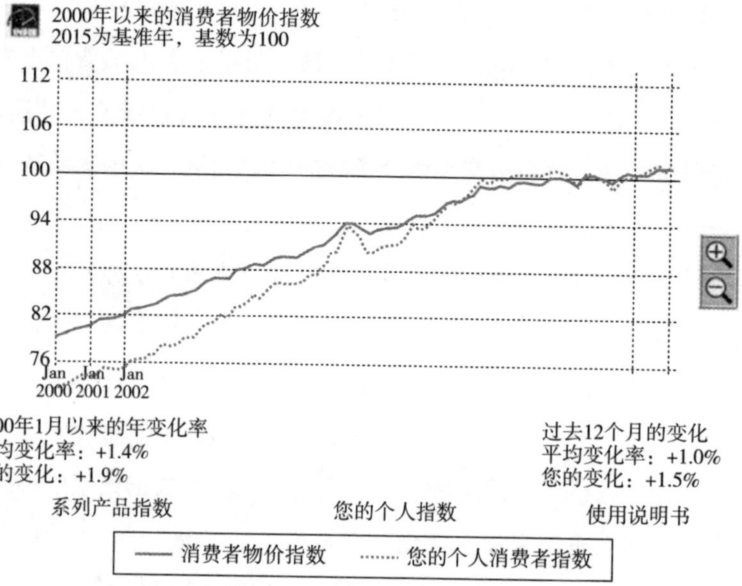

图3.7 法国国家统计局的模拟器——一个虚构的例子

资料来源：针对个性化 CPI 和官方 CPI 的个人测试。

参考文献

[1]阿卡多·J.，P. 雪弗莱，G. 福尔若，A. 弗里兹，D. 格德斯，F. 朗拉特，V. 帕斯隆．家庭对购买力的感知和接受[Z]．法国统计局，2007：58－86.

[2]阿卡多·J.，希列荷里，N. 何斌，D. 依瑞克．通货膨胀的感知[J]．经济与统计，2011(447)：4－31.

[3]阿卡多·J.，C. 家庭对通货膨胀的感知[J]．法国统计局分析，2012，5(7).

[4]阿廖利·R.，C. 贝茨，H. 迪登，I. 迪卡，R. 弗里茨，C. 盖尔，G. 肯尼，A. 梅勒，I. 帕弗诺娃．欧盟消费者定量通胀感知与预期——一项评估[J]．欧洲中央银行不定期发布纸质文件，2017，186(4).

[5]巴瑞特·Ch.，J. 波诺托，F. 马尼安．卫生和社会工作领域的物价

度量:一些方法问题[J]. 经济与统计 2003,361:3 -25.

[6]比代·A. 等. 社会经济学对社会阶层做了什么:复兴还是消失[J]. 法国社会经济评论,2012,10(2):219 -223.

[7]BIPE. 消费者的实际购买力——2006 年的估计和 2007 年的预测[Z]. 2006(9).

[8]切利尼·M. -P. 1944—1952 年法国的通货膨胀、状况和意见[D]. 法国经济和金融历史研究,1998.

[9]达塔. 大把戏:政府如何操纵统计数据[M]. 巴黎:发现出版社,2009.

[10]德罗西埃·A. 统计的论点(第一卷)(第二卷)[M]. 巴黎:巴黎矿业出版社,2008.

[11]迪登·H. ,R. 弗里茨,V. 琴德, G. 勒布莱顿, S. 林登. 欧元区消费者定量通货膨胀的感知和预期:第一次评估[R]. 欧洲央行报告,欧洲委员会,2006.

[12]国际劳工组织,国际货币基金组织,经合组织,欧洲共同体,联合国,欧盟统计局,世界银行. 消费者物价指数手册:理论与实践[Z]. 日内瓦:ILO,2004.

[13]雅尼 -卡特里斯·F. 物价指数计算与使用中的矛盾——法国案例[J]. 剑桥经济学刊,2018,42(4):963 -986.

[14]勒莫因·B. 抵制欧洲的措施:国家所面临的公共财政统计监督挑战[J]. *Quaderni*,(2).

[15]玛里顿·H. 联合调查团关于度量主要经济和社会数据的资料报告[Z]. 国民议会报告,2008:815.

[16]莫阿泰·Ph. ,R. 罗切夫特. 度量购买力(CAE 报告)[M]. 巴黎:法国文献出版社,2008.

[17]纽茨·M. 计算你自己的通货膨胀率[J]. Sigma -欧洲统计公报,

2006(1).

[18]庞尼萨特·E. 数字的状态:劳动和就业部统计服务和统计学家的社会学(1945—2008)[D]. 法国高等社会科学院社会学论文,2009.

[19]佩尔福·E. ,A. 斯皮雷. 社会专业类别的衰落[J]. 法国政治科学杂志,2008(58):457-481.

[20]皮昂涅尔·P. -A. 生活成本:统计感知与现实[Z]. 在里昂经济日上的讲话,2015-10-13.

[21]基内·A. 委员会向经济、财政和就业部长克里斯蒂娜·拉加德提交的题为"度量家庭购买力"的报告[R].

[22]萨维奇·J. 欧洲货币联盟的形成、预算监督政策和马斯特里赫特条约的执行[M]. 牛津:牛津大学出版社,2005.

[23]蒂内尔·B. 公共债务:走出灾难[M]. 巴黎:行动的理由出版社,2016.

[24]特维斯基·A. ,D. 卡尼曼. 无风险选择中的损失厌恶:参考—参照模型[J]. 经济学季刊,1991,106(4):1039-1061.

4

质量效应

对质量的统计处理需要用一整章的篇幅来讲述。有关构建物价指数的当代方法当然并不局限于质量问题。如前所述，产品更新是一个同样棘手的问题。然而50多年来，质量处理一直是激烈争论和不断创新的对象。由于一篮子质量不变的固定商品的价格的演变最初是这种度量的核心，任何质量的变化都必须以这样一种方式来处理，即它不能表现为该商品的（纯粹）价格的变化。在理想状态下，如果一台电脑的价格在两个时期之间上升了10%，但与此同时质量被认为提升了8%，那么其纯粹价格的增长应该只有2%，CPI记录的只有这2%的增长，而不是名义增长的10%。同样的情况也适用于酸奶（如果变成有机的）、汽车（如果功能得到改善或使用寿命下降）等产品。这一算法适用于指数统计中所有质量随时间变化的商品和服务。难点在于如何对质量的增长给出一个精确的数字，不管是“8%”还是其他任何数值。

早期关于将质量纳入价格变化度量方法的争论始于第二次世界大战中的美国。美国工会与官方统计局就未能在物价指数中考虑到产品质量的下降而发生了争执（斯台普福德，2009：309）。在它们看来，质量下降问题应该反映在通胀指数的相应增长中。毕竟即使价格看似稳定，但如果产品质量下降，消费者实际上也在经历隐性的价格上涨。这些想法最初是由美国左派提出的，目的是更好地考虑通货膨胀相关信息公布的不平等，并增加社会底层贫困家庭的购买力（斯台普福德，2009：384）。

官方物价统计中对质量效应的处理既是一个不断试错的过程，也反映了经济史和经济思想史，甚至经济学学科自身的发展史。第二次世界大战之后，经济学变得更加专业化，并逐渐成为专家研究的领域。从20世纪50年代末开始，美国一些经济学专家逐渐为物价指数配备了源自微观经济学的消费者理论框架。在下面的小节中，我们将以影响深远的博斯金报告为起点，仔细审视这一框架。

4.1

博斯金报告（1996）和“夸大的”通胀概念

从20世纪50年代末开始，随着经济政策作用的增强，官方开始着手统计各种经济数据，旨在创建连贯的宏观经济框架（斯台普福德，2009：312）。拉格斯和里斯在1959年的报告里已经说明，美国经济学家希望能够参与物价指数的度量活动，以使其更加接近生活成本指数。在民主党人吉米·卡特（Jimmy Carter）的总统任期内，经济学家和政治家们重新提出了这一观点，其中特别突出的是阿尔弗雷德·卡恩（Alfred Kahn），他是“工资和物价稳定委员会主席，卡特总统麾下的通胀抗击斗士”（瓦尔，1982：497）。作为工人阶级的代表，卡恩建议美国CPI的修订应以接近生活成本指数为方向。几年后，法国经济和财政部长米歇尔·别列戈沃伊（Michel Beregovoy）为了增加低息信贷，也提出了同样的建议。1996年，这些建议大部分在博斯金委员会的报告中重新提出。

4.1.1 博斯金报告的内容

1995年1月，时任美联储主席的艾伦·格林斯潘（Alan Greenspan）就CPI问题在国会发言，指出美国的CPI高估了年度通胀率大约1个百分点。他的发言导致美国参议院在1996年委托斯坦福大学经济学教授迈克尔·博斯金（Michael Boskin）撰写了一份报告，其目的不是为了证明CPI是否夸大了通胀，而是为了评估夸大的程度，并找出导致偏差的原因（贝克，1998：81）。当时一些经济学家对夸大的想法持谨慎态度，尤其是劳工统计局（BLS）的J. 特里普利特（J. Triplett）和J. 诺伍德（J. Norwood），他们没有受邀加入委员会，委员会也没有组织任何公开辩论。即便如此，博斯金报告还是引起了美国和国际媒体的广泛关注。

20 世纪 90 年代中期，美国的政治经济环境有利于对构建该指数的方法进行改革。冷战结束后，美国国际收支的结构性赤字扩大，美元作为参考货币的地位日益受到挑战（泰瑞特，2010：149），这些状况都促使决策者积极寻找削减赤字的方法。报告的第一部分实际上明确指出由于美国联邦赤字恶化，需要减少公共支出。博斯金等补充道（同上：3）："国会和总统必须做出决定，他们是否希望继续扩大各种联邦支出项目和税法的指数。"

美国政府与主流经济学家主张指数改革的想法一致，它们动用了实际政策杠杆。更深层次的原因在于，根据那些急于改变现状的人的推测，通胀率的高估将会使 2008 年联邦赤字增加高达 1000 亿美元。

这并不是一个新鲜的概念，但是由于 1961 年乔治·斯蒂格勒主持的美国国家经济研究局（National Bureau of Economic Research，NBER）报告已经提供了可能夸大通胀的主要论据，该报告因其产生的结果而吸引了广泛的公众关注。博斯金报告之所以引起媒体的广泛报道，是因为它量化了实际构建的物价指数与经济学家所说的"应该"构建的物价指数之间的差距，后者应该更接近生活成本指数。正是这种量化在媒体和民众中深入人心：报告指出了通胀在 1996 年被高估了约 1.1%，而在之前的 10 年，这个数字被高估了 1.3%。

专栏 4.1　法国通胀度量与财政赤字的关系

法国就各种试图解释通胀度量与财政赤字关系问题提出的论点，与 20 年前美国的看法如出一辙：菲利普·莫阿泰和罗伯特·罗切夫特（2008）在一份报告中提出假设，即官方物价指数似乎比实际值要低，针对此问题，雅克·达菲问道："政府真的希望欧洲央行在制定货币政策时，将显示通胀水平明显高于当前通胀率的物价指数考虑在内吗？"（达菲：165）他还补充道（同上：166）："有了这种显示较高通胀水平的指数，将需要重新评估最低社会保障福利和社会福利支出。”最后他坚称：“如果法国国家统计局继续公布显示通胀上升的各种物价指数，那么为满足提高福利和最低社会保障福利的要求，将导致财政赤字再多增加一点。”

委员会所调查的主要的 CPI 产生偏差的来源有以下几个：（a）相对价格变化所造成的商品购买替代行为（年度偏差为 0.4%）；（b）销售处的替代做法（每年 0.1%）；（c）消费结构中日益频繁引进的新产品；（d）更好地考虑新产品的质量提升（后两个因素的整体偏差每年为 0.8%）。博斯金提到的质量问题首先考虑的是进入消费结构的新产品的质量提升，而不是商品总体质量的增加（或下降）（舒尔茨、麦基，2002：115）。采用的方法是将 CPI 与微观（或宏观）指数的几何平均值进行比较。采用算术平均值其假设前提是，消费者会对相对价格的变化做出快速反应，暗含的理念是，无论人们吃牛肉、鸡肉，还是用高价酸奶替代品牌酸奶，在效用或幸福感方面都没有区别。这种假设得到接受须基于两个前提：首先，市场能够揭示人们的消费偏好；其次，商品之间的替代是完美的（柯布—道格拉斯效用）。

4.1.2 后博斯金时代的法国

法国的矛盾之处在于，这场争论是 1996 年博斯金委员会报告之后由进步经济学家引入的，他们最初感兴趣的是这个指数能提供不同的财富表示方式（加德雷，1996）。经济学家让·加德雷（Jean Gadrey）倾向于强调博斯金委员会针对夸大通胀现象的激进看法。加德雷肯定不是在同情博斯金的政治主张，他强调的是产出和结果度量方法上的创新，以超越国民经济核算中认为产出单位毫无意义的做法，尤其是在医疗和教育领域（见专栏 4.2）。

专栏 4.2 博斯金报告和幸福度量

1996 年提交给美国参议院财政委员会的博斯金报告（Boskin Report，1996）主要关注度量通货膨胀的各种形式的偏差。这种偏差甚至被认为是“仅次于社会保障、医疗保健和国防的第四大联邦计划”（同上：2）。博斯金通过这种办法确定 GDP 总量和增长被低估了，证实了 20 年前阿吉翁等提出的观点（2017）。

博斯金在针对度量某些服务的体量及其影响提出建议时，超越了会计领域的争论。他虽然支持生活成本指数（COLI）的概念，但也宣称：“从原则上来说，获得真实生活成本指数（COLI）还存在其他问题。考虑两个例子：较高的犯罪率带来的负面影响和因之购买的安全设备和更高的保险费用，以及信息技术的改进所带来的积极影响使父母能够在孩子生病时在家工作”（同上：26）。没有考虑处理外部情况所带来的影响，如“更冷的冬天”“艾滋病”的出现（20 世纪 90 年代开始），甚至“犯罪率”和离婚率的上升，但是他鼓励研究人员在未来对这些问题进行更详细的调查。

就这份报告的结果而言，博斯金顶着各种评论的风险，大胆地认为“好的”因素超过了“坏的”因素，社会正在进步。在他看来，美国在环境和医疗保健领域取得了显著进展。书中有一段以一种近乎抒情的方式宣称，与 20 世纪 50 年代和 60 年代相比，美国社会在环境方面取得了多大的进步（例如，“中央空调的迅速普及使许多家庭能够迁往南部和西南部各州”）。综合考虑各个方面后，富有远见的博斯金指出，污染、犯罪、自杀和离婚“已达到稳定状态”（同上：49），而且“就污染和犯罪问题而言，似乎实际上已发生逆转，因此近年来生活质量有所改善”。

法国国家统计局的统计学家关注的焦点在于，如果博斯金报告在法国得到好评，可能会导致公众对其指数失去信心（雅尼 - 卡特里斯，2018）。

法国国家统计局的官方回应是同时发表了两篇文章：一篇是由弗朗索瓦·勒盖耶（François Lequiller）在《经济与统计》（*Économie et Statistics*）期刊上发表的，另一篇是由法国国家统计局当时的人口与社会统计处主任米歇尔·格劳德（Michel Glaude）在《法国市场营销杂志》（*La Revue Française du Marketing*）上发表的。格劳德毫不犹豫地宣称“美国人的争论似乎已经失控”；一些批评带有“政治机会主义”的味道，以及“艾伦·格林斯潘在为货币政策辩护时显得过于机敏，而实际上货币政策满足于零售价格每年增长2%～3%”（格劳德，1997：20）。对于当时负责法国CPI工作，以及法国国家统计局的消费价格、资源和生活条件部副部长弗朗索瓦·勒盖耶来说，他刚刚在美国和国际货币基金组织待了几年，因此专门写了一篇特别详细的文章。这篇文章20年来被学术研究人员和工会会员反复提及，在文章中勒盖耶认为，法国并没有对通胀夸大其词，迈克尔·博斯金应该停止对“偏差”的量化。他说：“任何在目前的知识条件下对这个问题的量化，都是不合理的”（勒盖耶，1997：16）。他甚至坚持，“在这种情况下，统计学家的反应必须是承认自己的无知，并努力减少这种无知，而不是沉溺于危险的估计”（同上：18）。此外，勒盖耶承认，博斯金报告中的大部分估计都依赖于产品替代，但是若考虑其他方面（如产品质量、对服务活动的评估、不变效用与一篮子固定商品之间的紧张关系等），还是有希望得到改进，即便无法预测到对指数的积极或消极影响。几年后，欧盟统计局更明确地表态：“博斯金报告中所提出的观点是基于生活成本指数理论的，尽管很有趣，但是对HICP不适用，因为HICP是用于度量通胀的拉斯佩尔型指数。博斯金理论的假设也大部分没有得到论证。”（欧盟统计局，2001：14）后来，勒盖耶指出了可能改进指数的三种方式，这些方式随后构成了三个独立的改革方案。第一是加快采用宏观经济方法的进程（如特征价格分析法，见本章第3节）。“（排除和超越微观计量方法），按这种路径探索下去，度量质量效应的计量经济学方法将能很快应用于某些耐用品（特别是洗碗机）”。第二是进一步发挥欧洲统计机构之间的协同效应。第三个也是最后一个，建议更多地使用私人市场研究公司提供的数据，因为这些数据“可能会成为未来纠正微观层面的替代偏差以及新分销渠道造成的偏差的方法之一”（勒盖耶，1997：24）。

4.2 质量的客观化度量：各种解释与建模

统计学在其实践中需要考虑理论的严谨性与实用主义的迫切需求，其目的在于试图阐明并使“真实世界”可见。统计部门必须确定实证规范，以便建立对质量相同的不同商品的价格进行比较所需要的联系（皮里奥，1992）。2004 年国际劳工组织手册（ILO 等，2004）中规定了一些处理质量问题的方法，解释了如何根据明显的价格演变或扣除质量方面的变化之后的纯粹价格演变来进行调整或打折。文献中对所谓的隐性调整方法和显性调整方法作了区分。选择哪一种方法既是专门知识和技术随机的问题，也是关于什么是构成“高质量”的商品或服务的问题，反映出任何质量度量都不可避免地以公约为基础这一事实。

4.2.1 处理质量问题的隐性方法

美国有各种手册和研究详细介绍物价统计中的隐性方法，例如莫尔顿和摩西（1997）评估了部分价格经过了某种统计处理后的商品。据我们所知，法国的情况有些不一样，原因可能是该指数在法国极度敏感的历史，以及后来的保密传统。法国没有立法规定建立该指数的方法规范，这与欧洲规范较多的现象形成了鲜明对比。

直接比较法（the direct method of comparison）。这种方法假定商品质量

没有变化，即便商品或服务在统计期间价格发生变化。商品在不同的观察期内被认为是相同的，商品质量的变化可以忽略不计。例如，如果商品在包装上有小的变化，或者衣服的颜色或风格发生变化，都可能被当作相同的商品（舒尔茨、麦基，2002：116）。如果价格有变动（如向上浮动3%），则全部记为价格上涨。博斯金委员会所挑起的争论，部分原因在于博斯金认为有太多商品都被认为具有直接可比性（根据默尔顿的说法有65%的商品，同上），这会造成对产品质量提升的低估。应当指出，博斯金的论断前提是所有未能考虑进去的商品和服务的质量都提升了，而不是下降了。在所有其他隐性方法中，如果长期观察的商品或服务被认为产生了足够多的变化，就可以用下列方法之一来处理。

重叠法（the overlap method）。这种方法是基于以下原则：当商品质量被认为已经产生足够多的差异时，该商品就被当作新产品对待（例如换成彩电，或从普通蔬菜到有机农产品）。当新商品被引入篮子以取代之前的商品时，新旧商品之间的相对价格之差“在第一个商品消失、第二个商品将其取代的精确时刻”被记录下来。这种情况与前一种情况一样武断，因为这种差异完全归因于质量差异（ILO 等，2004）。国际劳工组织（ILO 等，2004）认为这是世界范围内通用的方法，但是莫尔顿和摩西（1997）则认为这种方法在美国的使用相对较少。

直接比较法和重叠法在处理方法上的根本差异表明，如何根据商品质量变化程度来决定是否将其当作新产品对待，对价格变化的统计处理有相当大的影响。

总均值插补法（the overall mean imputation method）。这种方法适用于替代的商品或服务与其前身差异更大的情况。在这种情况下的假设是，两个商品系列在转换的时刻，价格的变化与总体价格演变产生了可比性，即“消失的商品与即将予以取代的商品之间的纯粹价格差异，与所有在售商品的价格变化相同”（ILO 等，2004）。

分层均值插补法（the class mean imputation method）。这种方法是统计学家最常用的方法，特别是在法国国家统计局。其原理与前一种方法相同，只不过它的估算值是被替换商品（或同等类别）这一类别的比率。一般来说，新商品引入之前要有一段等待期，以确保：①足够数量的商品被消耗；②它在产品生命周期中的价格已经下降。采用这种方法通常类似于在虚构的基础上确定价格，即以市场上已经存在的同等商品的价格为基础。“使用这种方法，”J. －P·皮里奥恶作剧般地说，“意思是电视机是在收音机指数的帮助下引进的，洗碗机是在大型家庭耐用品指数的帮助下引进的。”（皮里奥，1992：57）

根据博斯金的说法，这种方法有低估转换时期产品质量提升程度的倾向，因为虚构调整是在生命周期更长的商品的基础上进行的。其他人（莫尔顿、摩西，1997；特里普利特，1997）得出了相反的结论。他们认为，企业经常利用产品创新来恢复利润空间，而用性能没有变化的商品的价格平均变动作为虚构调整的基础，实际上低估了这些商品或服务价格的增长。

4.2.2 处理质量问题的显性方法

显性方法的基础是客观质量标准，如果质量的变化是以物理特性改变的形式出现的（例如某种产品纯度更高，或者产品化学成分的改变）。国际劳工组织等指出，“对于这类相对简单的质量调整，其常识性应用有相当大的空间”（ILO 等，2004：35）。

第一种方法被称为“选择成本”法，是基于产品质量的变化会增加生产成本的观点。制造商改进了产品或服务的性能（例如，引入安全气囊带来的成本），并报出生产一个标准单位的成本变化，这个成本将从消费者观察到的价格变化中减去。这种方法，有各种复杂的变体，多应用于新商品品种包含了可选项的情况。“选择成本”法一般适用于汽车、多选项保险单和为游客提供的商品和服务包等产品。这些商品多提供折扣，也就是选择成本或价格。莫阿泰和罗切夫特的报告中指出，在现实中，“为了考虑大规模生产所节省的人力物力，只有50%的可选价格被计算在内”（2008：76）。

这种显性方法中所包含的50%的折扣，不仅看起来在某种程度上取决于公约，而且其关于成本和质量的数据通常来自专家和生产商，尤其是提供产品规格信息的目录。这种方法针对商品特征的明显改变有一定的适用性（ILO 等，2004：35），因为这些改变对质量的影响是显而易见的。然而它也留下了许多悬而未决的问题，其中一个事实是有些选择是被迫做出的，有时是出于生产商的产品定位战略，还有的时候是监管方面的原因。它们是否能被归为质量效应问题，是一个值得讨论的问题。此外，这种质量评估方法无法准确估算出生产成本变化中哪些是来自公司利润空间调整，而不是纯粹价格的提高。生产者的创新战略旨在重构市场中的非竞争性空间。另外，这些方法在很多服务活动中无法应用，因为服务活动中标准产品单位的概念本身出现了很多麻烦（加德雷，1996）（见专栏 4.3）。

第二种方法是特征价格分析法。自 20 世纪 40 年代以来，该方法一直被认为是最著名和最有潜力的显性方法之一。2004 年，国际组织又发布了一份支持它的请愿书，并建议国家统计局应该尽可能多地使用这种方法。特征价格分析中计算机的例子经常被强调（见本章第 3 节）。

专栏 4.3　寻找标准“产品”单元

用物价指数来度量价格变化是没有意义的，除非能够在相应的时间（和空间）维度上进行指数的比较。空间维度上的比较需要使用购买力平价（Purchasing Power Parities，PPPs），尽管从方法论的角度来看两者有相似之处，而且围绕购买力平价的政治争议和敏感性也同样激烈，但本书没有涉及购买力平价。

价格采集及其技术价值自古以来就是历史学家争论的问题。例如，中世纪学家朱利安·德梅特（Julien Demade，2018）描述了为产生科学有效的物价数据，将中世纪的计量单位（在整个中世纪计量单位的变化是很常见的）转换为现代标准计量单位（每公斤、每升等）的练习。但是标准计量单位的问题并不限于进行数量换算的能力。大多数服务活动中“标准单位”的意义不同于一般商品或标准化商品的体量意义。举几个例子，银行服务中消费单位的参考点是什么？电信或医疗行业呢？1991年10月，热拉尔德·珀蒂（Gérald Petit）在《统计邮报》（*Courrier de la statistique*，一本曾经非常优秀但是现在已经停刊的期刊）上发表了一篇文章，这篇文章详细描述了20世纪80年代医疗服务定价方面的主要变化。医疗服务分为程序化的步骤，不像一升牛奶、一套西装或一辆汽车那样，不需要预先准备。需要指出的是，即便在那些看似普通的商品中纳入CPI也引发了激烈的争论。这些程序是社会建构的产物，是医学界和法国国家健康保险基金会之间协商和立法的结果。此外，虽然这些商品可以在立法和时间表中单独规定，但在专业实践中经常以分组程序进行（例如心脏病学或放射学）。珀蒂描述了如何由于统计上的不实用性，这些分组的程序在1990年代被排除在CPI之外（同上：44）。

4.2.3　服务业受到影响

所有的方法在不同程度上都必须面对这样的问题：一种商品的变化，在多大程度上应该被视为转变成了一种全新的商品，又在多大程度上只是质量的变化。在文献中引出问题的主要是商品，但也不尽然。例如，如果私营诊所的医生从国家保健计划覆盖的部门转到没有覆盖的部门，那么他们的治疗服务如何在1990年的官方统计数字中记录？这个问题绝对反映出在物价变化处理上的各种犹豫不决以及社会政治性争议的问题所在。

专栏 4.4　价格效应还是质量效应

——私人医疗执业者从第 **1** 区转到第 **2** 区的案例

“当一名医生根据合约安排转换部门（特别是从第一部门转到第二部门），收取的价格在一个月内发生变化时，是否应该认为他们所提供的服务质量立即发生了变化？如果答案是肯定的，则须把这位医生的新收费标准列入不同类别，即与他的新合约部门有关的类别。如果新收费接近新部门同事就相同服务收取的平均费用，则不是价格上涨。否则，没有理由认为该名医生提供的服务与原来合约部门其他医生所提供的服务有任何不同，而他的新收费项目应该与之前的服务归为一个类别。另外，如果他的收费高于原行业同事收费的平均水平，则会出现价格上涨。医生不太可能会在服务合约改变的当天同时改变行医方式，更合理的情况是，他会随着时间的推移，逐渐适应新合约部门同事的方式。将这种工作方式量化，使它成为可计算的信息，这自然很困难，有时候甚至无法实现。……国家统计局选择了第二种方案，认为从统计方法来看，从一种合约安排转移到另一种合约安排，并没有立即反映出所提供的医疗服务质量有任何变化”（珀蒂，1991：45）。

4.2.4　质量的不确定性及以公约为基础的性质

对质量的统计处理受制于其不确定性和基于公约的性质，在解释时也难免带有个人或群体的主观性。

尽管在分类假设（The Classification Hypothesis）中，商品的“基本”质量应该毫无争议地依据商品的内在品质而定义（埃玛尔－迪韦奈，1989：332），而事实上商品的质量是生产商与消费者主观认知的结果，还要包括规范、集体标准、法规以及随时间而改变的各种隐性约定。这就是法国公约派经济学家弗朗索瓦·埃马尔-杜威内（François Eymard - Duvernay）的研究成果。质量的定义和度量方法源于各种形式的公约。商品获得社会认可的机制可能来自企业（由生产者决定）、基于市场（个人主观的赞美）、公民或家庭决定（在这种情况下，人际关系决定其认可度）。事实上，对质量的度量在某种程度上体现了这些状态。然而确实是在对质量的统计处理中，开始出现何谓财富代表的争议。当质量问题出现时，这些问题就变得更明显：什么质量重要？是否需要建立商品的技术规格清单？不同服务之间的关系特征应该考虑进去吗？或者消费活动对幸福程度的影响如何（如果是的话，是什么形式的幸福）？应该考虑商品的耐用性吗？

虽然统计学家们希望将生产标准“客观化”，并且“将各种影响因素排除在外”（埃玛尔-迪韦奈，1989：346），但事实上它们长期以来一直被纳入采访者处理数据的协议中，法国国家统计局的统计学家在数据处理中也存在各种影响因素。我们应该如何看待在不同销售点购买的商品替代品，特别是从传统销售点换到大型超市或硬折扣店？一种方式是考虑这些商品是不同的产品，因为它们质量有所不同。这就是勒盖耶在1997年时所支持的观点。在这种情况下，价格的下降可以完全归因于质量的下降，而物价指数保持不变。或者认为两种类型的销售点所销售的商品的质量具有可比性，这是一些专家和已售商品质量研究委员会（OQALI）所持的观点（OQALI是一个由法国农业部、卫生和消费者事务部在2008年设立的组织，并由印度农业研究所和欧洲卫生和社会科学院监督，2015年研究报告）。在这种情况下，物价的下调将被视为真正的降价。在实际操作中，由于广泛的选择及各种前提条件，官方数据统计人员不得不在这种方法中排出等级秩序，并一一做出判断，但却无法就判断标准做出合理的解释。

4.3

特征价格分析法：在希望和失望之间

特征价格分析法常被认为是解决围绕质量问题所产生的统计学争议的理想方法。

特征价格分析法首先被应用于农业领域（渥夫，1929），后于1938年在安德鲁·库尔（Andrew Court）的开创性研究中得以应用于制造业（古德曼，1998）。这位经济学家受雇于一家汽车制造商，其工作内容包括使用计量经济学证明，如果把汽车的某些性能的质量提升考虑在内，那么消费者支付的价格就会低于购买时支付的名义价格。他认为与表面现象相反，销售价格受到了限制，他希望说服20世纪30年代的公共权威部门采取有利于汽车工业的措施，减少对汽车工业的“限制和收费”（斯台普福德，2009：315）。20世纪60年代之前特征价格分析法一直是保密的，后来主要是在美国国家经济研究局的兹维·格瑞里奇斯（Zvi Griliches）的推动下得以公开。格瑞里奇斯推广的特征价格分析技术在美国获得了相当大的成功，因为该方法将市场价格与产品的性能（即质量的各个维度）联系起来，并较少依赖统计学家的判断。与此同时，计量经济学作为经济学分析工具的地位和合法性也开始上升，尤其是在消费者行为分析方面。使用特征价格分析方法的主要障碍在于数据采集的局限性，以及统计方法无法捕捉商品的所有特征。

4.3.1 特征价格分析法的原理

特征价格分析法在20世纪六七十年代的美国取得了相当大的成功，并得到了兰卡斯特的特征需求理论（Lancaster's Characteristics Demand Theory）的支持。该理论认为对于复杂的商品，可以分解成各种特征后进行客观度量。其初始假设在于，人们购买市场上销售的商品的原因主要是商品的定义性特征（例如根据功率、能耗、颜色等来购买洗衣机），物价是商品特征向量的函数（换句话说，商品 j 的价格可以表示成 $p_j = f\ (c_1^j,\ c_2^j,\ \cdots,\ c_i^j,\ \cdots, c_k^j)$。这种方法包括估算与商品相关的各种特征的价格变化，这些特征对于消费者来说是否有用或令人愉悦（因此有了特征价格这一术语）。一旦采集了某种商品的特征及价格的数据，就会为每种特征分配一个隐含价格。以笔记本电脑为例，价格 $=\alpha$［硬盘大小］ $+\beta$［RAM］ $+\gamma$［屏幕大小］ $+\delta$［重量］ $+\varepsilon$［电池寿命］，等等。因此，该方法结合了市场判断、制定规格的生产者的陈述和统计学家的判断，统计学家要选择需要引入的变量以及赋予这些变量在质量方面的意义。在计量经济学的术语中，特征价格分析法由多元回归组成。回归系数被赋予特征价值，并被视为这些特征的隐性价格。至少在理论上可以估算一个空调机组、一个增加了输出功率的熨斗、一处具备多项特征的住所（其自身的具体特征，如大小、房间数量、房龄等，还有环境特征，如附近的公园或其位置附近的犯罪率高低等）的隐性价格。隐性价格被分配给新商品的实际特征，以便使商品的具体特征可以直接反映定价。“理论价格和实际价格之间的差异，使从‘纯粹的’价格变化中分离出质量效应变为可能”（莫阿泰、罗切夫特，2008：76）。这种方法似乎适合考虑某些商品特征的变化，但需要定期重新估算回归系数，而且无法处理新特征出现的情况（同上）。

在理想的特征价格分析函数中，必须考虑所有影响消费者效用的质性和量化变量，质量被定义为消费者效用的变化。然而在实际情况中，将质量标准具体化是一个复杂的命题。原因在于，首先这是一个计量经济学程序，仍然是以公约为基础的，因为有关统计人员所依据的是“技术和实践公约”。如前所述，这些关于产品特征的信息一般是由生产商提供的，甚至在大多数情况下都是由生产商提供。在“选择成本”方法中，统计学家查阅汽车制造商的目录，其中列出了每个产品的特征和价格（勒盖耶，1997）。这样做的后果是什么？一些研究表明，生产商往往高估提高质量所需的生产成本（可可斯基，1993：35）。由查尔斯·舒尔茨（Charles Schultze）担任主席的美国国家统计委员会专家小组，在21世纪初编辑了一份重要报告（舒尔茨、麦基，2002），建议劳工统计局（BLS）和美国经济分析局（BEA）应该（更）谨慎地使用特征价格分析法（同上：6），而且只应用于有限范围内的项目。他们甚至建议成立一个独立专家小组，由"计量经济学家、统计学家、指数专家、营销专家，可能还有产品工程师"组成，这些人必须接受培训，然后由这个小组提供关于特征价格分析法的概念和应用方面的指导（同上：7）。

4.3.2　对质量的阐释

弗朗索瓦·埃玛尔－迪韦奈（Francois Eymard Duvernay）指出："质量的客观化定义会在一段时间保持稳定，这导致了中介的出现，中介通过外在方式影响交易双方，其作用就是为了证明交易的可靠性。"尽管市场的调节作用是基于合同所包含的内容，标准化质量的定义为根据合同外部数据验证产品质量打开了可能性"（1989：336）。然而，第三方也在外生质量标准的制定中发挥了一定的作用，导致了分类假说的产生。勒盖耶（1997）就此曾经指出，"AC尼尔森（AC Nielsen）法国公司一直渴望向法国国家统计局提供关于市场的一些极其详细的数据，作为1997年双方联合研究项目的一部分，目的在于为该国际营销机构赋予相当大的估值权力"。到21世纪10年代末，这些营销组织在统计数据的产生中已经发挥了更大的作用（见第5章）。

博斯金委员会认为，很明显"30年前的消费者可能愿意支付高出20%的价格，获得30年前的冬天不曾有的各种各样水果和蔬菜的选择权"（勒盖耶，1997：17）。这个"很明显"并没有考虑产品的内在质量，因为它认为仅仅是因为各个季节产品更丰富就构成了质量的提升，那么是否有理由质疑提高质量标准的环境可接受性呢？

计量经济学方法通常被当作处理物价统计中的价格问题的客观解决方案。尽管格里利克斯承认从“提高质量”中分离出“消费者品位的变化”很难长久进行下去，但是在20世纪六七十年代，这种计量方法在美国获得了巨大的成功，美国统计学家认为这是一种非常有前途的质量度量方法。这种狂热起源于特征价格分析法，我们也可以看到，它符合标准理论，并能很明确地追溯到K. 兰开斯特（K. Lancaster，1975）的工作，它的基础是市场所给出的价格，甚至包括非市场资产，如住房的环境方面。许多经济学家认为这是一种智性进步，因而非常有希望。

4.3.3 特征价格：在沟通力与应用效果差之间

特征价格分析法是否带有一种神秘感，让人觉得其法力无边，甚至可以捕捉到质量效应？该方法除了受到理论批评之外，对于其扩大使用也产生了一些矛盾的说法。

4.3.3.1 一些理论批评

一段非常受欢迎的时期过后，特征价格分析法逐渐成为频繁攻击的目标。早在20世纪90年代就出现了一些富有远见的评论，其中皮里奥对特征价格分析法作了批判性分析，主要针对该方法的假定前提，即价格和商品特征之间的关系保持稳定（皮里奥，1992：58）。根据皮里奥的说法，这种关系实际上并不具有稳定性，且“意味着确定产品虚构基础价格的方法非常有问题，比法国国家统计局愿意承认的更有问题”（同上：59）。例如2003年进行的移动电话的特征分解（马尼安，2003），强调供应端的标准，包括通话分钟数、打到座机、打到内网或外网等的区别，这些做法似乎过时了超过15年。同样，如果质量的提高需要获得理论意义，那么跨时间段的效用比较是必须可行的。还有一些学者基于该方法的假设前提对其有效性提出了质疑。巴特·霍比金（Bart Hobijn，2002）是其中的一位，他论证出特征价格分析法只有在完全竞争的市场中才能奏效。霍比金在一篇内部评论中指出，这种假设在实践中从未实现，这导致了对价格的高估，因为质量效应本身也被高估了。

4.3.3.2 特征价格分析法的应用范围仍然狭窄

根据莫尔顿在2001年的研究，特征价格分析法被应用于美国18%的消费支出中的物价统计（莫尔顿，2001）。哈特维希在2006年认为依据特征价格分析法在名义物价指数上打折的做法不合适，但是同意“美国劳工统计局将其用于手提电脑、电视机、DVD播放器、相机、冰箱、微波炉、洗衣机、滚筒式烘干机和影印机，以及教材和非住宅建筑的价格”（哈特维希，2006：549）。法国并没有在很大范围内采用这种方法，“正如莫阿泰和罗切夫特所指出的那样，由于其复杂性，特征价格分析法只适用于少数商品：家用电器（所谓的‘白色家电’）、一些‘棕色’产品、汽车和一些‘特定费用’。法国国家统计局已停止将这种方法应用于微型计算机，因为很难将软件包集成到出售的计算机”（同上：76）。租金指数仍采用这种方法。

4.3.3.3 “消费档案”法

特征价格分析法长期以来被认为是最有前途的质量评估方法，但其使用最终仅限于少数主要耐用品。如今度量质量的方法多种多样，这取决于在考虑之列的商品或服务。移动电话的特点是其特征在不断变化（永久创新），其提供的服务构成变化很大，因此不适合特征价格分析法。法国国家统计局更喜欢一种基于消费档案跟踪的特别方法。这种方法不再是跟踪某种质量稳定的商品，而是跟踪各种典型的消费者或消费档案，用于估计将支出最小化的物价（马尼安，2003：6）。这种方法最主要的假设是，所有消费者每个月都会选择最优产品（同上：24）。这种方法接近不变效用指数，而且“更容易实施”（同上：6），因其跟踪的是固定效用生活成本指数的结构，这将在下一章详细介绍。

4.4 结论：考虑可持续发展、环境及护理类工作

用来度量质量的方法几乎没有考虑某些类别商品和服务的特殊性。

商品的可持续性特点就是如此，或者更普遍地说，一些商品和服务所产生的外部消极影响也没有得到考虑。例如，从20世纪50年代到80年代，农业和农产品的生产力得到了惊人的增长，但是味道、营养价值甚至健康方面有所牺牲，因为生产中大规模使用了农业化学品。同样在制造业，生产者基于固有的过时策略（就像经常在媒体上传播的那样），经常缺失产品规格目录，造成产品无法可持续生产。从生产商的角度来看，这当然是可以理解的。如果将这些习惯客观化，并且对生产和消费习惯的演变采取更实际的看法，无疑可以做出更细致精确的说明。减少对技术的关注也会有所帮助。法国国家统计局的统计员们表现出了过多的技术狂热，类似于某种社会决定论，但是这显然与官方统计员的精英式培养模式有关，因为这些精英大多毕业于法国的精英工程学校，尤其是巴黎综合理工学院。从护理角度考虑社会福利的问题在这些方案中根本没有得到解决。具有高度关系因素的服务业务无法建立模型，也无法在官方统计中考虑其价格的演变。同样，对家务助理服务、健康保健服务、教育或协同服务活动采取恒定质量方法仍然面临巨大挑战，基本上还是一个悬而未决的问题。

参考文献

[1]阿吉翁·Ph.，A. 贝尔若，T. 博帕德，P. 克莱诺，H. 李. 创造性破坏中的增长损失[Z]. 旧金山联邦储备银行工作文件，2017－01.

[2]贝克·D. 正确的价格：关于消费者物价指数的争论[Z]. 经济政策研究所，伦敦和纽约：劳特利奇，1998.

[3]博斯金·M. J.，E. 达尔贝格，R. 戈登，Z. 格里利克斯，D. 乔根森. 更准确地度量生活成本[Z]. 提交给参议院财政委员会的最终报告，1996－12－04.

[4]达菲·J.，Ph. 莫阿泰，R. 罗切夫特，主编. 评论度量购买力[M]. 巴黎：法国文献出版社，2008：163－168.

[5]德马德·J. 制作科学事实：贝弗里奇和国际物价史委员会[M]. 巴黎：索邦大学出版社，2018.

[6]欧盟统计局. 搜集有关HICP的参考文件[Z]. 2001－02－05.

[7]埃玛尔－迪韦奈·F. 质量公约与协调形式[J]. 经济评论，1989：40(2)：329－360.

[8]加德雷·J. 服务：生产力的问题[M]. 巴黎：德克莱·德布努尔出版社，1996.

[9]格劳德·M. 消费者物价指数的应用[J]. 法国市场营销，1997(161)：5－20.

[10]古德曼·A. C. 安德鲁·库尔和特征价格分析的发明[J]. 城市经济研究，1998：4.

[11]哈特维希·J. 论绩效增长的虚假差异及为治理目的而滥用国民核算数据[J]. 国际政治经济学评述，2006，13(4)：534－558.

[12]霍比金·B. 物价指数中质量偏差的双方[Z]. 职员报告157号，纽约联邦储备银行.

[13]国际劳工组织,国际货币基金组织,经济合作与发展组织,欧洲共同体,联合国,欧洲共同体统计局,世界银行. 消费者物价指数手册:理论和实践[Z]. 日内瓦:国际劳工组织,2004.

[14]雅尼 - 卡特里斯 · F. 物价指数计算和使用中的矛盾——法国案例[J]. 经济研究,2011(4).

[15]可可斯基 · M. 物价指数的质量调整[J]. 每月劳工评论,1993(116):34 - 46.

[16]兰开斯特 · K. 产品的最优社会差异化[J]. 美国经济评论,1975(65):567 - 585.

[17]勒盖耶 · F. 消费者价格指数是否高估了通货膨胀[J]. 经济与统计,1997,303(3):3 - 32.

[18]马尼安 · F. 移动手机服务价格演变的度量[J]. 经济与统计,2003,362(7):3 - 31.

[19]莫阿泰 · Ph. , R. 罗切夫特. 度量购买力[Z]. CAE 报告,巴黎:法国文献出版社,2008.

[20]莫尔顿 · B. 2001 特征价格分析方法在美国官方统计中的扩大作用[Z]. 经济分析局,2001 - 06.

[21]莫尔顿. B. , K. B. 摩西. 处理消费者物价指数的质素改变问题[D]. 布鲁金斯经济活动论文,1997:305 - 349.

[22]珀蒂 · G. 医疗行为价格的新监测[J]. 统计快报,1991:41 - 48.

[23]皮里奥 · J. 价格指数:第二版[M]. 巴黎:发现出版社,1992.

[24]舒尔茨 · C. , C. 麦基,编. 价格如何[M]. 华盛顿特区:国家科学院出版社,2002.

[25]斯台普福德 · Th. A. 美国的生活成本:经济统计的政治历史 1880—2000[M]. 剑桥:剑桥大学出版社,2009.

[26]泰瑞特 · B. ,文森特 · 戈佑,本杰明 · 勒莫因. 公共资金与政治秩序

的经济体制——与企业家布鲁诺·泰瑞特的访谈起源,2010(3):136-152.

[27]特里普利特·J. 度量消费:1973 年后的经济放缓和研究问题[J]. 联邦储备银行圣路易斯评论,1997,79(3):9-42.

[28]瓦尔·F. V. 消费者物价指数是度量通货膨胀的公平方法吗[J]. 政策分析与管理杂志,1982,1(4):496-511.

[29]渥夫·F. V. 质量作为蔬菜价格的决定因素:波士顿批发市场中影响蔬菜价格品质的因素之统计研究[Z]. 历史、经济和公法研究,哥伦比亚大学政治科学学院编辑,1929:312.

5

从消费者物价到“生活成本”

法国国家统计局在其公开宣传中将 CPI 与生活成本指数区分开来，而且在其网站上非常明确地表示："必须记住，CPI 不是生活成本指数。CPI 的目的是度量价格变化对家庭购买消费产品成本的影响。生活成本指数旨在度量维持居民生活的某一特定水平所需开支的差异"。不过看起来，自 20 世纪 50 年代以来在法国和美国引入的大多数统计方法上的变化，导致物价指数向某种类型的生活成本指数靠近，或者说向维护某种生活方式的成本指数靠近（见专栏 2. 3）。

5.1

向生活成本指数趋同的一百年？

这种趋同是好几个因素共同作用的结果。第一，指数显示的价格变得越来越复杂，越来越难以纳入一个固定的一篮子指数。第二，社会背景的变化，特别是接连不断的经济、社会和卫生危机，对宏观经济统计提出了挑战。第三，贯穿整个 20 世纪的主导知识范式的转变导致人们接受了功利主义，同时也影响了官方统计部门的指数编制。

5.1.1　现实逃避统计

统计报告所"观察到的"现实与统计方法和理论所预期的理想之间存在着一定的距离，甚至有可能完全脱离统计数据。通过明确渠道销售的大规模生产的标准化产品，已经被不那么统一的生产实践所取代，后者的产出通过更分散、更不容易预测的渠道来销售。标准化商品的大规模生产已经被一种新的消费形式所取代，这种消费形式由体验商品组成，其质量只有在获得商品之后才能体验一次，是具有高度关联性或信息内容的商品，或复杂的服务类商品（例如教育、医疗商品等）。在讨论经济长期停滞

（即以市场为基础的经济表现出零增长或其增长额可以忽略的情况）的问题时，莫基尔（Mokyr，2014）表明，关于信息类商品，虽然同样可以提议拓展到包括高度关联内容的服务，但是“经济学家所受的训练让他们更适合分析宏观经济统计数据，例如人均国内生产总值及其衍生物，包括要素生产率等。这些措施是为生产钢铁和小麦的经济而设计的，不是为信息和数据时代的经济设计的”（同上：88）。

自20世纪60年代以来，社会的各个方面都在发生变化，也对物价指数统计提出了相当多的挑战。经济发达国家服务业发展迅速，生产和消费两端都发生了显著变化（格里利克斯，1992；加德雷，1996；特里普利特、波茨沃斯，2004）。2016年服务活动占全年CPI支出的48%，其具体性质使物价度量工作严重复杂化，特别是因为服务活动比其他商品更缺乏产品标准单位的概念，而产品标准单位是价格跟踪的基础。服务类商品的特点之一在于，在给产出内容命名时有一定程度的不确定性。另外，有时候服务输出与服务效果之间也存在一定程度的混淆。服务业中交易过程的不确定性，其规范化和标准化方面的障碍，都要求打破传统拉斯佩尔物价度量原则的公约，这与移动电话价格度量的情况一样（参见第4章）。数字化的发展、消费者信息供给的扩大（就提供的互联网内容而言，例如音乐、电影等），以及相关的“免费”服务，还有市场提供的可供选择的产品和服务的多样化，都是生产和消费行为的变化，都给价格统计带来了巨大的挑战。电子商务的扩大化和收益管理政策（根据消费者行为精心调整的价格政策）的激增，使物价变得非常不稳定，特别是统计数据中较少考虑短时间间隔内的物价变动（例如日内价格变动）。循环经济的发展（有时被视为新的工业革命），或者也称作“自由经济”（购买价格无疑是零，但生产成本和使用当然不是），尽管其概念、理论和实践问题仍然是激烈争论的对象，都给统计学家带来了挑战，如前面章节所述。

各种危机不断迫使国家统计局必须面对新的挑战，例如新冠疫情所带来的危机。在这次特别的危机中，由于消费行为的显著变化，通货膨胀度量也受到了挑战。以法国为例，经济危机促使法国国家统计局计算出“替代物价指数”，根据国家统计局的说法，这种帕舍指数可以更好地表达价格演变。事实上，在管控期间，消费者的预算系数发生了巨大变化：食品支出占比变大，交通和能源支出占比变小。在一年多的时间里（从2019年4月到2020年4月），法国国家统计局指出，使用以2020年4月的预算系数为基础的帕舍指数计算出的通胀率为1.6%。在同一时期，使用传统的拉斯佩尔CPI算出的通胀率为0.3%。

这些变化中有一部分对价格政策和生产与消费方式产生了深远影响，都是“现实世界正在分崩离析”的症状。“分崩离析”这一令人震撼的词借用自波尔坦斯基和埃斯卡雷（2016），它给20世纪初使用宏观经济指标的情形带来了更加令人紧张焦虑的氛围。选择指数以考虑市场变化的同时也提供了一个机会，使官方统计机构为处理市场变化而引入的创新措施（有时也会变形）为公众所见。

5.1.2 知识范式

本书隐含一个观点，即思想的作用和地位是具有决定性的，特别是那些出现在经济学学科中的思维方式和行为变化（贾桑诺夫，2004；奥尔琳，2014）。正如我们所看到的，20世纪50年代的思想传播很少，尤其是在美国和法国之间。90年代，一些关键人物促成了思想的国际流通，如弗朗索瓦·勒盖耶，他在主张从美国经济世界引进新思想方面发挥了重要作用。21世纪的知识构成了较为同质的认识论共同体，特别是由于两组专家：1994年由联合国统计委员会设立的渥太华小组，其长处正如其网站上所声明的，是基于“专业权威、独立，以及对国家和国际统计机构的贡献”；欧盟统计局HICP工作组，即欧盟的盟友。除了这些团体之外，还有劳工组织和联合国欧洲经济委员会（UNECE）之间的联席会议。主流经济学家们逐渐成为这些团体的主体，也反映出他们在学术界的重要地位。这是各种改革引入的背景，从最初固定一篮子商品的物价指数（美国所说的商品成本指数或 COGI）到生活成本指数（COLIs），再到不变效用指数（CUIs）。为大致勾勒这些变化趋势以得出全貌，应该记住（见第 2 章），从历史发展来看，是工会第一次把物价指数当作生活成本指数，尽管他们对生活成本概念的理解非常不一致。

物价指数成为生活费指数，后来又成为幸福指数，即主流经济学家所明确解释的不变效用指数，这一发展自 20 世纪 50 年代以来就存在于美国的蓝图之中，后来为统计学家们所广泛接受（哈特维希，2006；斯台普福德，2009）。法国仍存在一些保留意见，但是部分经济学家已经在为这一方向的改革作准备。改革的原因在本书各处都有所体现：① 生产和消费实践日益复杂，不可能按照莫基尔所建议的方式（同上）构建严格的拉斯佩尔指数；②物价指数与新古典主义理论的统一，后者目前主导着经济统计学家的认知领域。③生活成本指数的理论框架明显地基于消费者理论。第四个原因将在本章的第 2 节进行更详细的研究。他们的观点是，COLIs 通常倾向于比 GOGIs 低，并最终真正发挥贬值工具作用。这是世界上越来越多的政治经济学评论员所争论的焦点（斯台普福德，2009）。

5.1.3 效用的大回归?

统计处理中考虑质量问题的主要原因在于，在拉斯佩尔价格指数中，必须使用一篮子质量不变的固定商品。尽管不变效用的想法可以追溯到科尼斯（Konus，1924），但长期以来只应用于很小的范围。例如在 1992 年出版的一本关于物价指数的书中，皮里奥就完全没有提到物价指数。消费者“同等效用”的概念是勒盖耶提出来的（1997：12），但正如其自己承认的那样，“这个概念，对于单个消费者的情况已经很难定义了，对于数百万消费者来说更是如此”（同上）。

5.1.3.1 给 COLI 下定义

从表面上看，度量生活成本演变的指数可以用多种方式来定义，特别是因为“生活”本身就是一个很难下定义的概念。

生活的定义通常从货币角度来强调生活水平，生活的“成本”用以比较在两个可比时期内，为维持同等程度的生活水平，两个不同的消费结构在付出最低成本方面的差异，并考虑纯粹价格变化之外的因素（ILO 等，2004）。然而，与幸福理论最一致的定义强调，应该度量的是消费者维持固定水平的幸福度、满意度或不变效用所需的最低支出（格林利斯、麦克勒兰德，2008；霍比金，2002：3）。这种类型的考虑使我们远离了通货膨胀作为一种度量价格普遍上涨的宏观经济度量工具，而转向度量个人或集体幸福的激烈争论（麦达，2008；加德雷、雅尼－卡特里斯，2016；斯蒂格利茨等，2009；哈里贝，2013）。

5.1.3.2 不变效用指数出现 50 年后，使用情况如何?

然而自 21 世纪开始，已经有大量的研究强调这一“生活”概念，这符合功利主义的理论，同时区别于模棱两可的质量观念，转向消费者效用的概念。帕特里克·西拉德（Patrick Sillard）和维尔纳（Wilner）（2015）的研究对于不变效用和标准生活成本理论之间联系的表述非常明确：“（不变效用指数）的概念应该反映两个时间段之间，参照参考期或基准期，一个消费者为维持效用水平不变必须付出的消费支出”（西拉德、维尔纳，2015：759）。

拉斯佩尔指数从概念上来说可由效用指数取代（马尼安、普尼奥，2000；奥尼尔等，2017），该指数采用以下形式：$COL_{1/0}=\frac{C\ (p_1,\ u_0)}{C\ (p_0,\ u_0)}$，对其进行读解即可得出生活成本指数“COL”，是在参考时间内，在当前物价水平上达到某一效用水平的成本，与在基础物价水平上达到同一效用水平的成本的比值。最终，核算形式与拉斯佩尔指数相同（如第1章所示），区别在于用效用代替了数量。

CUIs已经出现在第一批对物价指数的批判性研究中，可以视为一种消除经济学家或统计学家个人价值判断的度量方法。帕累托的序数革命（Ordinal Revolution）就是建立在这种消除的基础上，它将个体之间不可比的效用序数化，以促进经济学的客观化，使之成为一门真正的科学，而不需要理论家做出任何价值判断。源自20世纪初期的创新举措在21世纪又重新活跃起来，表明了法国官方统计中功利主义思想的发展。“某种将数据合理化的效用函数（也）必须出现。用学术话语来说，这个问题可以通过揭示偏好的理论得到解决”（马尼安、普尼奥，2000）。

不变效用指数具有的几个优点使其在知识图谱中具有一定的可信度。它结束了有关基于公约的质量定义的争论，质量不再引起兴趣，取而代之的是消费者效用概念，因为据它的倡导者所说，这是一个更加“严格”的概念。最重要的是，它预示着生活成本指数（Cost of Living Index）的到来，终结了20世纪20年代以来CPI的统治地位。它还开启了一种不基于明确的集体解决方案的集体秩序的可能性，并有助于巩固统计科学的自主性（波斯特尔，2015）。然而，这个以主流理论为基础而构建的物价指数忽略了市场的实际情况，特别是未能考虑以下几个方面：（a）消费者缺乏对商品的新特征及其用途的了解；（b）事实上质量有时是市场决定的，且不一定是消费者所需要的（在某种程度上，质量本身就是有争议的概念，其内涵取决于定义的方式）（见第4章）；（c）质量概念本身的主观性；（d）公司的利润和定价方式，特别是在创新经济领域。

5.1.3.3 结账数据与CUI

统计学家承认，构建不变效用指数（Constant Utility Index，CUI）需要获得所有商品价格和数量的数据，这在实际操作中相当困难。在（基于效用的）生活成本指数中，数量不再是度量中的外生因素，而是根据物价变化而变化，以便考虑商品购买中的替代行为。新出现的“结账数据”支持了这种知识范式的进步，使执行基于效用和福利主义的“生活成本”概念成为可能，至少对于传统销售点的物价数据统计是如此（约占采集到的所有价格的50%，但在2020年估计为11%，只是家庭消费的一小部分）。

从21世纪初开始，在指数构建中引入结账（或扫描）数据的讨论增多。2010—2016年与大型零售商进行的谈判为指数的重大变化铺平了道路（这将在第6章中介绍）。

通过在商店结账时使用条形码，直接从大型零售商那里获取扫描消费数据的动机是多重的。从操作的可行性角度来说，它提供了大量消费者实际购买的商品的价格和数量数据（每月1900万到2000万合计数据项）。从表面上看，这个信息宝库似乎比法国国家统计局调查员每月从销售点采集的20万项数据还要丰富，这些数据出现在付款之前，因此只与价格相关。据那些提倡使用这种数据的人说，它可以使调查人员避免为考虑产品质量的变化、产品的消失、产品的变化和新产品的引入而不得不做出的无数解释。对于一些人来说，这种绝对透明的购买行为非常诱人，只需要追踪个人的购买行为，并为其赋予秩序意义（欧吉恩，2012）。

通胀度量体系的大改革趋势背后还有更实际的原因，特别是在法国，国家统计局依然是国家公共政策的参考对象，而且在预算紧缩时期，一直受开支管制的影响。法国国家统计局的价格采集员（其中许多是女性）每个月在不同的销售点采集成千上万的物价数据，为此付出了相当多的精力。法国国家统计局掌握着大众数据，保持着该领域创新者的形象。科学化与数字化的物价变化测算方法为公共机构保证了其产出的合法性和地位，同时也至少为解决因为产品替代和质量所引起的问题带来了希望。

另一个更微妙的动机是提供符合经济理论的可用数据。经济理论似乎已经开始采用官方统计数据：博斯金委员会已经在建议使用结账数据（西尔弗、贺拉维，2003）。西拉德在这一点上非常明确，他解释说，法国国家统计局的结账数据项目，其目的就是“通过使用结账数据来构建考虑消费者对产品相对价格的敏感性的指数，以更接近 CPI 的微观经济基础。这些基础采用了不变效用指数的概念”（西拉德，2013）。可以这么认为，目前技术工具方面的准备，将用于构建一种更多地采用序数原则来度量生活成本的指数。

5.2 通货膨胀是被高估了还是被低估了？

要问通胀是被高估了还是被低估了，相当于承认存在确切的标准或尺度，由统计学家以金匠的精度来对其进行度量。这不同于本书秉承的观点，即指数一般基于社会政治公约，且随着社会影响而变化。然而自从 20 世纪 50 年代博斯金委员会由 G. 斯蒂格勒主持工作以来，有人指出，相较于生活成本指数，CPI 被夸大了，没有考虑到生活成本概念中隐藏的所有规范性和不确定元素，这在前面的章节中已经多次提及。CPI 在计量经济学中是一个有偏差的指数，用德罗西埃的话说，CPI 在以下四个方面产生了偏差：产品替代效应、销售点替代效应、质量效应和新产品效应（见第 4 章）。

5.2.1 实际采购中的替代性

替代偏差概念假定消费者直接购买价格最低的商品。评论家称，拉斯佩尔指数几乎没有考虑替代效应，赋予价格上涨幅度较小的商品的权重不足。我们已经证明，博斯金报告之后，替代效应一直被视为会产生重大偏差并导致通胀夸大的因素。与之相对，至少在微观指数层面（即处在最细致的分类级别的商品，被称为“品种”的那一层），生活成本指数采用了几何平均数来替换算术平均数。目前，不仅大多数国家都采用几何方法来汇总微观指数，而且国际手册也重点推荐这种方法。

然而，相关文献提出了各种各样的问题。其中最突出的是对消费者理性的隐性假设，这一假设在杰文斯指数的使用中走向了极端。例如，贝克（1998：98）指出，美国的洗衣机和滚筒烘干机出现在 CPI 的同一项支出下，相对价格的变化没有理由产生替代效应。同样的现象也出现在治疗性药物上，因为一般来说，药物是不可替代的。同时，贝克（1998：101）还举例说明，如果消费者购买力下降，就会被迫从昂贵的销售点转向硬折扣店。在这种情况下，他们会接受商品质量降低的事实。然而尽管存在这些低成本商店，但大型零售的历史表明，传统的大市场和超级市场也会降低某些商品的质量。质量的下降应该考虑进来，否则会导致对通胀的低估。

CPI 的整个历史倾向于表明，传统的基于一篮子固定商品的通胀估计应该下调。20 世纪 50 年代，人们可以读到通胀“可能”被高估的报道；然而自博斯金以来，这种高估被量化了，虽然受到了挑战，但为之提供了客观化的必要工具。90 年代，虽然弗朗索瓦·勒盖耶想阻止将此概念引入神秘的法国国家统计局，显然是为了保护这个研究所的公信力，但是许多研究都表明，相对于生活成本这个标杆（这个标杆本身也没有得到充分讨论），通货膨胀被夸大了（第 7 章将会详细论述这个问题）。

5.2.2 新的挑战

20 世纪 70 年代，度量通货膨胀的措施在朝着生活成本指数转变，同时在受到各方挑战的情况下压低通货膨胀率，结果损害了工人的购买力。挑战主要来自各个工会，他们在统计领域的争论中发现了更好的收入分配方法（见第2章）。如今那些出现在世界各地的互相矛盾的评价结果，不再出自工会之手，而是由属于“统计激进主义”世界的其他类型的经济主体代劳，他们的生产数据与统计数据相抗衡（布鲁诺等，2014）。例如，约翰·威廉姆斯（John Williams）经营着一个名为“影子数据”（Shadow-Stats）的网站，该网站在美国引起了相当大的关注（菲奥拉蒙蒂，2014），主要原因是该网站指出，如果没有方法上的改革，美国的指数将比官方所提供的指数更高。

这些替代数据得到媒体的充分报道之后，美国劳工统计局（Bureau of Labor Statistics）的统计学家们，包括物价部门的主管在内，联合对其发起了反击。格林利斯和麦克勒兰德（2008）在《劳工评论月刊》上发表的一篇长文中，毫不含糊地批评了自CPI最初设计出来后美国各项改革导致通货膨胀可能被低估的观点。他们甚至描述了一些被“无数博客和评论家所重复”的“城市神话”（格林利斯、麦克勒兰德，2008：6）。劳工统计局的统计人员为此做出了多种形式的辩护。他们强调围绕生活成本和不变效用理论的广泛“学术共识”，提出与“国际标准”和“统计手册”的“一致性”，以及其他关于特征定价方法的稳健性和严谨性的观点。施蒂格勒的诺贝尔奖得主身份进一步支持了他们的论点。

让这些与事实相反的统计数字完全可信非常困难。如果美国物价指数没有进行上述改革，特别是向链式指数转变、在微观指数中引入几何手段，以及为了考虑产品质量的变化而应用折扣，将会发生什么？其有效性可以通过研究英国的情况来管中窥豹。

从1997年起，在博斯金报告（奥尼尔等，2017）的直接影响下，英国引入了CPI，将其作为零售价格指数（Retail Price Index，RPI）的补充。如图5.1所示，2010—2017年，这个新的指数总体上比RPI上升得要慢。自2003年以来，英国央行一直将CPI作为通胀目标指数。CPI和RPI的区别在于两个指数的范围（CPI不包括住房成本和利息支付）和计算方法。

CPI 在微观指数中遵循采用几何平均数的惯例，在商品的相对价格发生变化时建议考虑替代购买效应。

自 2012 年以来，CPI 一直被用作度量养老金和一些福利待遇的基准。另外，一个英文网站指出，即便考虑通胀情况并进行调整，学生贷款的利率仍与零售价格指数（RPI）挂钩。最近，英国国家统计局（British Office for National Statistics）委托经济学家和税务专家保罗·约翰逊（Paul Johnson）撰写了一份报告——《约翰逊评论》，该报告有时被称为“英国的博斯金报告”，它旨在为从拉斯佩尔型固定一篮子物价指数转向生活成本指数提供论据（奥尼尔等，2017：266）。在约翰逊看来，该报告构成了对零售价格指数的直接攻击，最终应该被载入史册（奥尼尔等，2017）。

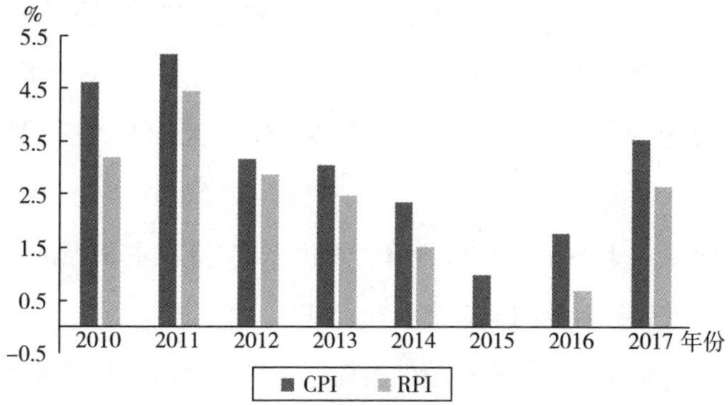

图 5.1　2010—2017 年英国的消费者物价指数（CPI）与零售价格指数（RPI）之比较

资料来源：英国国家统计局数据。

总而言之，国家统计局进行了改革并开创了新方法，将通胀度量导向了新古典主义文献所描述的更接近生活成本概念的一类指数（见第 7 章）。

参考文献

[1]贝克·D. 正确的价格:关于消费者物价指数的争论[Z]. 经济政策研究所.

[2]波尔坦斯基·L.,A. 埃斯卡雷. 神秘的价格现实[J]. 社会学,2016(71):41－58.

[3]布鲁诺·I.,E. 迪迪埃,J. 普鲁维亚. 统计激进主义:如何处理数字[M]. 巴黎:发现出版社,2014.

[4]菲奥拉蒙蒂·L. 数字如何统治世界：统计在全球政治中的使用和滥用[M]. 伦敦:Zed Books 出版社,2014.

[5]加德雷·J. 服务:生产力问题[M]. 巴黎:德克莱·德布努尔出版社,1996.

[6]加德雷·J.,F. 雅尼－卡特里斯. 富裕的新指标(第四版)[M]. 巴黎:发现出版社,2016.

[7]格林利斯·J,R. 麦克勒兰德. 解决对消费者物价指数的误解[J]. 劳工评论月刊,2008(8):1－19.

[8]格里利克斯·Z. 服务业产出度量[M]. 芝加哥:芝加哥大学出版社,1992.

[9]哈里贝·J.－M. 财富,价值和无价之宝:资本主义经济社会生态批判奠基[M]. 巴黎:解放的关系出版社,2013.

[10]哈特维希·J. 论增长绩效的虚假差异及为治理目的而滥用国民核算数据[J]. 国际政治经济学评论,2006,13(4):534－558.

[11]霍比金·B. 物价指数中质量偏差的双方[Z]. 职员报告157号,纽约联邦储备银行,2002.

[12]国际劳工组织,国际货币基金组织,经济合作与发展组织,欧洲共同体,联合国,欧洲共同体统计局,世界银行. 消费者物价指数手册:理论和实践[Z]. 日内瓦:国际劳工组织.

[13]贾桑诺夫·S. 知识的状态:科学与社会秩序的共同生产[Z]. 伦敦和纽约:劳特利奇.

[14]科尼斯. 真实生活成本指数的问题[Z]. 经济猜想经济公报,莫斯

科,1924.

[15]勒盖耶·F. 消费者价格指数是否高估了通货膨胀[J]. 经济与统计,1997,303(3):3－32.

[16]马尼安.F.,J. 普尼奥. 不变效用指数:度量价格发展的基准[J]. 经济与统计2000(335):81－94.

[17]梅达·D. 超越GDP:另一种度量财富的方法[M]. 巴黎:弗拉马利翁出版社,2008.

[18]莫基尔·J.,C. 特林斯,R. 鲍德温. 经济长期停滞?不在你的生活中,经济长期停滞:事实、原因和对策[M]. 伦敦:经济政策研究中心出版社,2014.

[19]奥尼尔·R.,J. 拉尔夫,P. 史密斯,帕尔格雷夫·麦克米伦. 通货膨胀:历史与度量[Z]. 2017.

[20]欧吉恩·A. 公共服务评估中的数字滥用[M]. 巴黎:码头出版社,2012.

[21]奥尔琳·A. 价值帝国:经济学的新基础[M]. 剑桥:麻省理工学院出版社,2014.

[22]波斯特尔·N. 资本主义调节的制度主义方法[Z]. 适应指导研究备忘录,里尔大学,2015－12.

[23]西拉德·P. 现金数据:从消费者物价指数到不变效用[Z]. INSEE工作文件,编号F1305,2013.

[24]西拉德·P.,L. 维尔纳. 基于不变效用指数的物价指数及每月更新[J]. 经济评论,2015,66(4):755－768.

[25]西尔弗·M.,S. 赫拉维,罗伯特·C. 芬斯特拉,马修·D. 夏皮罗.质量调整价格变动的度量[M]. 扫描数据和物价指数,国家经济研究,芝加哥:芝加哥大学出版社,2003.

[26]斯台普福德·Th. A. 美国的生活成本:经济统计的政治历史

(1880—2000)[M]. 剑桥:剑桥大学出版社,2009.

[27]斯蒂格利茨 · J. , A. Sen, J. –P · 菲图西 . 委员会关于经济表现度量和社会进步的调查[Z]. 上呈共和国总统的报告, 第二卷,巴黎:奥迪尔 · 雅各布出版社,2009.

[28]特里普利特 · J. , B. 波茨沃斯 . 美国服务业的生产率:经济增长的新来源[Z]. 布鲁金斯研究所,2004.

A POLITICAL ECONOMY OF THE
MEASUREMENT OF INFLATION
THE CASE OF FRANCE

6

“结账数据”改革

从前面几章可以看到，关于 CPI 的度量存在诸多争议，CPI 度量的发展历史和现状也是伴随这些争议形成的。通货膨胀经常受到严格的审查，无论其趋势是上升还是下降，都会引起一定程度的社会紧张和兴奋情绪。这种狂热状态与指数基础的再分配原则有关：早在 1952 年，法国就将 CPI 用于对低工资的自动指数值计算。1983 年引入的去指数化政策形成了金融市场的转折点，但是可以说“准指数化”仍在继续；毕竟，在工资谈判、福利待遇、养老金等方面，通胀仍是一个直接或间接的决定性参考点。

前几章还强调了度量 CPI 需要付出的大量社会人力物力：包括记录家庭消费的一些细节，确定消费者代表，考虑消费文化的变化，解释采购行为受约束的程度，估计商品质量的变化并与引入的新产品作区分，为方便采集电子商务物价和处理收益率定价进行创新。所有这些活动都是构建物价指数工作的一部分，不可避免地依赖于多种公约，这些公约反映在方法选择中，最后体现在统计手册中。各类统计手册以及编辑和使用这些公约的专业人士，赋予其公约学派经济学家所称的巨大的“估值能力”（贝茜、肖文，2013）。

最后，前几章还着重介绍了法国物价指数连续进行的各种改革，八代指数的演变见证了这些伟大的历史变革。

本章的目的是追溯结账数据的改革历程，重点是在构建 CPI 的过程中公共和私人领域界限产生的变动。我们并不是要明确地表达国家正在被肢解的观点，或者说公共数据正在被商品化。我们的论点是，近年来的这些变化促成了公共机构重新启用私人数据的现代化改革。

6.1 投资大数据

我们在前一章看到，法国重建物价指数的公信力的任务是从多个不同的角度来完成的，其中最显著的是“结账数据”项目。这是一场名副其实的过程革命，一项与新的价格采集实践相关的重大技术创新。这种新的“数字真相体制”（鲁弗鲁瓦、伯恩斯，2013），标志着对历史方法的彻底突破，且由许多新的自动建模系统体现。在度量通货膨胀时，官方统计数据中使用大数据有多种不同的方式。

其中一些方式的目的是通过特别考虑新的基于互联网的商业行为来补充价格采集过程。例如网络抓取这个方式，就是通过产生实验统计数据（布兰切特、吉沃尔，2017）来填补现有数据空白。其目的在于利用互联网站点的内容，在数字技术、移动电话、银行、电子商务等领域，用新方法来采集比较传统的产品的价格。进一步的目标是让价格采集过程更加合法化，因为通过科学化和数字化的方式来计算物价变化，在提高公共机构的声誉的同时，赋予其数据产出一种现代社会的合法性。同时，这些方法也能够更好地满足控制公共支出和公共服务部门员工规模的需要。

6.2 结账数据

我们所说的“结账数据”是大数据的一种形式。这个项目酝酿已久。自20世纪80年代以来，法国的大型零售业价格竞争激烈，咨询公司就一直与大型超市保持密切的合作关系。它们定期向零售商出售市场调查报告，以便于零售商制定价格策略并保持竞争地位。咨询公司采集数据是为了营销目的，它们采集结账数据，即购买商品时通过条形码记录的数据，将大量的价格和数量数据整理后出售。

在格林斯潘和博斯金委员会报告（1996）的推动下，20 世纪 90 年代中期围绕通货膨胀可能被高估（见第四章）的问题，在美国出现了关于物价的激烈辩论，这促使几家主要国际咨询公司联系了国家统计局。在法国，一家咨询公司向法国国家统计局提供了关于三种产品（咖啡、食用油和洗衣粉）的完整数据库。结账数据库的价值在于不仅提供物价数据，而且还提供数量数据。经过处理后，这些数据构成了 2000 年发表的第一项研究的基础。在这项研究中，两位供职于法国国家统计局的经济学家马尼安和普拉德试图确定，通过大数据实现的物价和数量的同时记录，是否可以提高物价及其演变情况的可追溯性。他们强调存在于大众微观数据和微观经济消费者理论之间的某种一致性，而且强调消费者行为的超理性。在一篇发表在专业期刊《经济与统计》（*Economie et statistics*）上的具有重大意义的文章中，他们宣称，“计算不变效用指数是一件棘手的事情：需要确定一个效用函数，使数据合理化”。显示性偏好理论正式解决了这一问题。在实际操作中需要非常详细的物价和数量数据，现在通过采集扫描数据得到了实现。这项研究展示了采用这种类型数据获得的关于大众消费产品的数据结果：从整体上看，消费者的选择确实是理性的（马尼安、普拉德，2000：81）。

虽然这个问题从 21 世纪初始就在理论上和实践上都存在争议，很大程度上是因为其中包括的实验性的算法，但是这个项目直到 2010 年的末尾才真正开始成形。当时的制度环境是有利的，至少有三个方面的原因。首先，这是一个将控制公共开支放在首要地位的时期，而构建物价指数的过程需要 200 名员工常年从法国大城市和海外部门的 3 万个销售点采集 20 万个物价数据。其次，法国国家统计局在指数生产上的自然垄断地位实际上正在丧失。根据互联网数据生成的（见专栏6.1）的“十亿物价项目”及其他各种替代项目在不断涌现。这一趋势是公共服务合法性减弱大潮的一部分。最后，其他国家先于法国开始使用结账数据来计算调和物价指数。荷兰从2002年开始，挪威从2005年开始，瑞士从2008年开始，瑞典从2012年开始，比利时从2015年开始，丹麦从2016年开始，卢森堡与波兰从2017年开始。欧共体统计处似乎一直在鼓励这些创新，尽管目前并没有关于处理这些资料的集体准则，例如，并不是所有国家都以“不变的概念”为基础。

专栏6.1 “十亿物价项目”

这项由十亿物价项目（Billion Price Project，BPP，麻省理工学院资助）执行的大规模实验，由美国经济学家阿尔贝托·卡瓦洛（Alberto Cavallo）参与指导，目的是利用互联网上的大量物价数据来生成替代的通胀统计数据。据推广人员介绍，这种方法的优点之一是可以每天采集价格信息。这些新指数尽管试图接近官方指数，但其产生方式决定了它们将与公共服务数据有所区别；选择对象、潜在假设、计算方法都反映了私人网络数据源（在本例中指大型零售商）和经济学家（在本例中指麻省理工学院）之间的新联盟。与法国目前使用的方法相比，也存在相当大的方法论差异，特别是不再使用具有代表性的一篮子消费商品和服务，以及忽略了质量和替代效应（卡瓦洛，2013）。

法国国家统计局对该项目的开发可分为以下几个阶段。

从2000年代开始与大型零售商展开谈判，目的是获取它们所有的结账数据。一些零售商同意进行谈判并对该系统进行测试，而另一些则更为谨慎。从2012年开始，法国国家统计局与已经签约的零售商开始了一项实验，实验的目的是处理零售商提供的全部结账数据组。该项目随后被纳入2016年10月通过的《数字共和国法案》（*Digital Republic Act*）。依据该法案，零售商必须将数据交给法国国家统计局，否则就要支付高额罚款，罚款金额从首次拒绝须支付2.5万欧元到再次拒绝须支付5万欧元不等。

收银台采集的物价数据在某些方面比统计所需要的数据更丰富。例如，采集的不再只是显示价格，而是实际销售价格，还包括销售数量，将数据生产过程从统计驱动转为数据驱动（戴维斯，2017）。此外，数据的丰富性引起了法国国家统计局对大数据的某种迷恋，而且被当作一种进步，因为其目标是穷尽所有数据（因此在文件中经常提到“600个咖啡粉清单”“300个意大利面清单”等）。在本研究进行的一次采访中，法国国家统计局前计算机分析师告诉我们：“关于付款数据，在法国国家统计局有一个心理现象，他们迷恋计数或调查，认为如果我们可以采集所有的价格，就会产生更好的统计数据”。然而，穷尽的数据和绝对的数量带来了新问题。

6.3 这些数字创新给“产品”概念带来了挑战

为了协调的目的，经济行为者需要在给定时期内共享集体参考点。在某些条件下，统计数据可以被当作参考点，但必须就量化的内容达成一致（德罗西埃，2008）。当涉及采集价格时，必须就产品的构成及其质量达成一致。

在销售点的传统价格采集系统里，“产品”由采集价格的采集人员记录的标准来定义：法国国家统计局秘密地编制了一份问题列表，将其提供给价格采集员，让他们掌握“产品”的概念。换句话说，从这个传统的角度来看，对产品进行定义和赋予价值的权力掌握在公共机构手中，他们逐渐开发出了用于区分和分类的工具。判断产品质量的标准也是这种专门知识联合的产物，尽管这方面的声明一般来自产品生产者和销售者。

关于数据挖掘，鲁弗鲁瓦和伯恩斯（同上）提到了“同一产品被条形码分割”的情况。对于结账数据，结账时采集的信息来自条形码或完全独特的欧洲物品编号系统（EANs）相当于欧洲的美国标准通用产品代码（UPC）。在某些情况下，即使从统计学、经济学和消费者的观点来看似乎都是同一个“产品”，但也可能会出现不同的条形码。例如，这个产品可能在两家不同的工厂生产，两家工厂使用不同的条形码以识别生产地点，也可能为特殊的促销活动创建不同的条形码，等等。所有这些都意味着官方统计学家不得不重新审视商品或服务的定义。虽然其他国家已经确定一个条形码相当于一种商品（在荷兰是这种情况），法国官方统计局使用的一篮子商品却不能等同于一篮子条形码，这也是统计学难以接受的。

法国国家统计局忠于其统计传统，但因为它也致力于在“不变的概念”的基础上展开工作，所以选取了折中运作。它将条形码组合成所谓的“等价类”。这些类别由商品的条形码组成，从消费者的角度来看其与商品是相似的。

6.4 “详尽”但贫乏的数据

为了创建等价类，需要访问条形码中所没有涵盖的某些产品特征。正是由于这一点，要求市场研究顾问作为增援力量来获取这些信息。咨询公司已经成为国家统计局和结账数据产出之间的关键接口。顾问公司长期以来一直使用产品分类系统，以取得用以确定产品质量和等效性的技术规格。因此，知识的产生基于这些分类系统，并结合法国国家统计局的 IT 专家和统计人员团队开发的新算法（有“确定性”或“替代性”算法的区分）。开发新算法的工作取代了法国国家统计局研究人员在该领域进行的实证分析，其任务是解释产品变化、识别产品特征和发现哪些商品取代了已经消失的商品，等等。

就像法国国家统计局会把用来识别产品的问题列表放在一起一样，条形码和商品特征描述现在往往是由制造商和营销顾问生产的。这些中介的作用不仅仅是促进信息的流动和传输，它们还在物价构成所包含的产品质量公约定义（商品和服务）方面发挥作用。他们有决定商品质量价值的权力（贝茜、肖文，2013）。

“统计数据的明显个性化”使得从主观性中解放出来成为可能。通过在数据提供环节采取“默认附着点”，以及主观判断的减少，“普通人”与数据保持着一定的距离（鲁弗鲁瓦、伯恩斯，同上）。

官方统计的历史表明，物价指数的历史一直充斥着无数的争论和危机。面对内部挑战（如消费习惯或定价策略的变化）和外部挑战（向欧元过渡、降低生产成本的法令），国家统计局一直试图在创新方案与保证研究所的公信力之间寻找折中方案，特别是通过维持其公约和信仰的稳定性。技术和概念上的创新永远都在进行，越来越明显地与占主导地位的（经济的和新古典主义的）理论框架相一致，这表明多元主义正在逐渐消失。现实的复杂性无疑需要一定认识论上的谦逊，而这在当代的知识体系中肯定是很难实现的（见第七章）。同样明显的是，围绕这些问题的争论在某种程度上转向非政治化。这种去政治化趋势与卷入争论的主体的构成有关，他们本身就反映了社会的变化。法国国家统计局的一位前统计员告诉我们，“当时预测部门有 300 人，其中 150 人是左翼工会的成员。他们是工人运动中的重要知识分子”（某退休统计员）。又如，“在法国国家统计局有 150 个马克思主义者，毫无疑问，现在连一个凯恩斯主义者都没有了”（法国国家统计局前统计学家）。

各种挑战曾经表现了工会与官方统计机构或工会与政治当局之间的纠纷，曾经是权力斗争的真正体现，但是现在经济学家和政府（如阿根廷，参考卡瓦洛，2013）或经济学家和官方统计机构（如法国）开诚布公，更多地是以谨慎的方式而不是赤裸裸的权力斗争来相互周旋。

社会现实的日益复杂对官方统计带来了严重挑战，因为需要更多的数据资源，它们不得不停止采用自己的方法和结论，开始求助于新形式的公共和私人伙伴关系，并与公民保持一定的距离。毕竟，这些都是大家共同关心的问题。

参考文献

[1]贝茜·C. ，P. –M. 肖文. 市场中介的力量:从信息到估值过程[J]. 估值研究,2013(1):83 –117.

[2]布兰切特·D. ,P. 吉沃尔. 大数据、公共统计和经济统计[C]. 法国经济,法国国家统计局参考消息(文集),2017:59 –77.

[3]博斯金·M. J. , E. 达尔贝格, R. 戈登, Z. 格里利克斯, D. 乔根森. 更准确地度量生活成本[Z]. 提交给参议院财政委员会的最终报告, 1996 –12 –04.

[4]卡瓦洛·A. 网上和官方物价指数:度量阿根廷通货膨胀[J]. 货币经济学报,2013(60):152 –165.

[5]戴维斯·W. 统计数据是如何失去威力的——以及我们为什么应该害怕接下来发生的事情[N]. 卫报,2017 –01 –17.

[6]德罗西埃·A. 统计的论点. 第一卷:量化的历史社会学,第二卷:数字统治. [M]. 巴黎:巴黎矿业出版社,2008.

[7]马尼安·F. , J. 普尼奥. 不变效用指数:度量价格发展的基准[J]. 经济与统计,2000(335):81 –94.

[8]鲁弗鲁瓦 · A. , T. 伯恩斯. 政府核算与解放视角:差异是通过关系实现个性化的条件吗?[J]. 网络,2013,177:163 - 196. 伊丽莎白 · 里布里科特(Elizabeth Libbrecht)将之翻译为“Algorithmic governmentality and prospects of emancipation. Disparateness as a condition for individuation through relationships?”

7

低估还是高估了通货膨胀？

是什么因素导致观点从公众舆论认为的通货膨胀“可能”被高估（G. 斯蒂格勒，1916）转变到欧洲主流经济学家认为自21世纪10年代中期以来“CPI被高估了，经济增长被明显低估了”？这种话语逐渐变成一种“陈述”，具有了自然化和本质化的真理地位。它一再被一些经济主体重复引用，而这些人既不再考虑其历史形成过程，也不考虑其支撑元数据（既用于计算目的，也用于制度或政治原因）。

为了研究在这些重大变化中起作用的因素，我们需要分析量化的社会历史学所揭示的统计政策和度量的社会技术条件变化（德罗西埃，2008；阿马特，2010；布鲁诺等，2016）；关于竞争和生产制度的演变（波依尔、豪林沃斯，1997；波依尔，2015）；关于国家与经济之间联系的演变（波依尔，2015；布迪厄，2012）；知识体系以及表征发展与展示其创造力的空间的演变（富尔卡德，2009；贾桑诺夫，2004）。在本书最后一章的第1节，我们将重新考虑知识体系的重要性，以便理解为什么“通货膨胀被高估了”的说法会成为一个既定的真理。然后我们将回到前面几章所概述的历史，集中讨论关于通货膨胀被估计过低或过高的争论。最后，我们将研究出现“通货膨胀被高估”这一论断的各种条件。

7.1 知识制度的重要性

在这最后一章中，我们根据知识制度的关键地位，认真对待这些说法背后的社会动态和权力关系，分析这些说法的话语产生方式，以及它们得以传播的社会逻辑。与自然选择不同的是，本章将让人们清楚地看到，宏观经济言论，以及各类报表、统计数据和指标，都是全社会努力的结果。

知识制度不只是作为事后辩护的手段，被经济主体用来使某一情况合法化，或掩盖利益关系。恰恰相反，知识制度是对现实的一种解释，并有助于建立现实的存在。正如政治学家M. 哈杰尔（M. Hajer, 1993）所建议的那样，它主要通过“散漫的联合”来作为建立一系列联盟和经济主体合作的媒介。这种解释行为不仅具有一种认知功能，在寻求赋予其行动以意义的经济主体的思维建构中起到一定作用，而且还有助于新型政策的发展（巴亚，2014）。

经济学家不可避免地在知识体系中扮演着关键角色，特别是在“通货膨胀被高估”这一说法方面。这一作用以多种相辅相成的方式发挥。首先，经济学家在官方统计数据的生产中扮演着越来越重要的角色，在决定哪些对象具有经济特征方面，例如在通货膨胀这一问题上，逐渐边缘化其他社会科学（尤其是社会学）。其次，经济学家本身是任何特定社会和时代的利益相关者（贾桑诺夫，2004），无法避开理论框架的等级制度或某些社会—政治利益的影响。再次，思想从一个大陆向另一个大陆传播需要中间人，例如，一大波从英国移民到美国的主要经济学家引发了从“政治经济”过渡到经济分析，最后到经济学本身的转变（波依尔，2015）。从那时起，这个行业的组织就建立在跨国基础上，并青睐主流思想。最后，经济学家发挥的作用非常特殊，因为他们与执政当局保持着特权关系，因此也与政府实施的经济政策保持着密切关系。博耶尔指出，经济学的进步影响了公共政策。只要想想凯恩斯，想想通过教学传播的凯恩斯思想，以及根据具体国情进行的调整就不难明白。然而经济学家利用其在思想领域的象征地位，“教经济主体像经济学家一样行事”（波依尔，2015），这就产生了一些强烈的象征效应，有时甚至影响到经济学的进步与经济主体之间知识传播的关系。

7.2
“通货膨胀被高估”之说法的传播

本书所描述的物价指数的社会性历史中特别重视知识结构与资本主义的主要转变类型所起的作用。在书中的几个地方，我们强调了物价指数在再分配方面的作用与其历史上不断出现的争议之间存在的密切联系。概括地说，如果通货膨胀的度量在一个社会群体中有争议，例如如果认为它被“低估”了，需要明白的是这意味着工资以及实际上所有与指数挂钩的价值也被低估，这就需要公共政策来评估。相反，如果另一个社会群体（或同一社会群体在不同时期）认为通胀被“高估”了，这就意味着与指数挂钩的价值（包括最低福利、退休养老金等）也被高估了，因此需要采取“贬值”政策。正如布罗代尔（1992）所说，CPI 反映了“日常生活的关注点”，这一事实影响了众多参与者（消费者、经济学家、行业专家）的狂热论调。通货膨胀度量的整个历史清楚地表明，不同群体对该指数的真实性（包括其水平，特别是其增长率）提出了质疑，一些人认为该指数可能被低估了，而另一些人则认为该指数可能被高估了。

7.2.1　20 世纪 50 年代工会第一次抗议低估通货膨胀

第二次世界大战后的知识体系被马克思—凯恩斯主义思想所主导，自 1936 年以来一直如此。战后马歇尔计划的启动对法国所奉行的经济政策产生了持久的影响。在法国的经济计划体系中，国家的角色是知识的主体。这一时期的大规模规划赋予了宏观经济学关键地位。在法国国家统计局管理学院的招生考试中，理工学院的毕业生名列前茅，他们大多在宏观经济学、经济建模和预测部门工作。这一时期也见证了社会立法和法规的通过，在法国，由于来自社会主义和共产主义部长们的压力，立法和法规促进了中央社会保护体系的建立。在国家计划时期，国家在统计数据生产中也是占主导地位的。无论如何，法国国家统计局已经处于经济事务部的监督之下。正是在这种特殊的背景下，从20世纪50年代开始，第一个工资指数化政策开始在法国出现。这些政策的目的是维持或提升员工的购买力，同时也将一部分权力斗争从对经济政策的争论转向了对通货膨胀度量的争论。因此，出现了1952年最低工资水平的指数化机制，确保最低工资能够保持工人的购买力，逐渐将社会团体反对经济政策的抗议焦点转向对物价指数的抗议。政府的定期干预，可以调整指数篮子中的商品价格，从而实施了第一个"数字驱动政策"。国家统计局在这一时期伤痕累累，其主要指数CPI由政府所操纵。

7.2.2　第二次工会抗议浪潮：建设替代指数

20世纪70年代是大规模生产和消费、标准化和价格竞争的时期。这一时期的大众消费促进了价格采集，指数的计算正在取得实质性进展。因为某些消费品质量的提升，统计员们开始试验能够考虑产品质量演变的新方法，只留下"纯粹"物价指数，排除一切（关于数量和质量）的外部因素。1970—1980年，法国国家统计局的劳动力数量大幅增长，因此有充足的劳动力来采集物价数据以用于编制指数，而且法国国家统计局正试图让篮子里包括更多的商品和服务用作基础数据，以编制一个代表"普通消费者"的指数。

然而工会仍然具有强大的社会力量，这也是知识制度的一大特征。隶属于共产党的CGT的社会力量赋予其抗议活动合法性。CGT认为官方物价指数是"雇主指数"，大大低估了通货膨胀，于是制定了一个指标，正如我们在前文（第2章）中看到的，该指标在数年内都要比官方指数高出2到4个百分点。很明显，这个替代指标以一种相当敌对的方式宣告了官方通胀数据是被低估了的数据的事实。

这种官方数据严重低估通胀的说法出现在历史上的特殊时期。20 世纪 50 ~ 70 年代的法国国家统计局也是一个技术含量高、经济实力强、兼容并济、多元化的机构。由于他们在那个时代接受的反思性训练，统计学家们采取了批判性的态度，质疑统计方法作为调解工具、形象塑造者、象征力量来源的角色。习惯于采用跨学科方法的统计学家们充分认识到，CPI 是一种“社会政治惯例”，是一些人通过工会参与权力斗争且发挥作用的结果。在当时，这种“批判态度”的目的并不是要排除任何可能的错误，而只是要把批评变成一种“美德”（福柯，1990：36）或职业道德规范。而且由于法国国家统计局的统计人员是主要的工会成员，他们中的一些人也利用专业知识协助 CGT 编制替代指数，不仅行使工会成员的权力，而且完成专业统计人员的工作。生产替代指标的条件确实已经成熟。

7.2.3 来自大西洋彼岸的反击：通货膨胀被高估了？

20 世纪 80 年代，全球资本主义经历了一段激进转型时期，在创新思维的推动下，发达国家的标准化急剧下降，竞争加剧。服务业活动的爆炸性增长对法国和国际官方统计数据机构提出了一些令人生畏的问题（特里普利特、波茨沃斯，2004；加德雷，1996），因为宏观经济指数原本是在工业化过程中构思出来的。此时，人们对特征价格分析法仍然充满希望，在博斯金委员会的一些工作中继续使用。货币主义思想在 20 世纪 50 年代由弗里德曼提出，70 年代末通过美联储主席保罗 · 沃尔克（Paul Volker）的货币主义政策在美国得以实施，其主要目标是大幅降低通货膨胀。货币主义思想逐渐传入法国。在 1983—1984 年，经济政策打破了之前几十年的凯恩斯共识，也打破了 1981 年的共同纲领，当时社会党总统密特朗就是根据这个纲领当选的。工资去指数化、竞争性反通胀和跨国货币政策都是在 20 世纪 80 年代中期引入法国的。

美国出版的《博斯金报告》在认知上与这种知识动态一致：其目的在于证明当时美国的物价指数被高估了。因此该报告明确指出（同上，3）："国会和总统必须决定，他们是否有意愿将各类政府支出和税收政策继续广泛大幅地过度指数化"，并在报告中进一步补充道，"以及继续增加联邦赤字和债务"。美国政府通过与主张对指数进行改革的经济学家结盟，找到了通过施加杠杆来控制公共支出的方法。

对物价指数提出质疑的方式，在法国的制度和经济背景下表现得略有不同。这一时期法国国家统计局的就业人数和可用劳动力数量都停滞不前，但其公务员仍然技术熟练，其行政人员仍然控制着该机构的事务。开始从国外引进一些思想、理论和做法，特别是由于国际组织（如国际货币基金组织、联合国和经合组织），欧盟统计局及其高级官员（尤其是央行的高级官员）在宣传思想方面发挥了重要作用。

尽管博斯金报告在发表时在法国引起了争议，但在人们的集体潜意识中植入了一个观念：通货膨胀"可能"被高估了。20 世纪 90 年代，法国国家统计处曾试图限制这种观念的传播。然而，从 90 年代末开始，大量研究联合起来表明，与以生活成本为基础的（未经证实的）参考点相比，通货膨胀确实被高估了。例如，继美国的达科斯塔（2001）和汉密尔顿（2001）以及加拿大的比蒂和拉森（2005）之后，统计学家克莱尔和库丁（2010）采用了所谓的恩格尔曲线（Engel Curve）方法，这种方法在北美以外迅速传播。该方法的假设是，无论家庭构成如何，家庭在食品上的预算份额都是幸福的指标（阿卡多，2005）。根据家庭预算调查数据，作者得出结论，1974—1981 年，法国官方通货膨胀率每年高估了生活成本的 3%。这是一个很大的数字，意味着经济增长或多或少被低估了相同的数额，1981—1994 年每年被低估了 1%。在文章发表后的争论中，一位经济学家尖锐地批评了两位作者的证明材料，认为其部分是"同义反复的"（格拉韦尔，2010）。尽管存在严肃的保留意见，"通胀肯定被高估了"的观念确实得到了证实。当然这种说法继续受到各类积极分子的挑战，特别是工会和一些消费者协会，他们往往认为，在专家认为有进步的地方，其实所消费的商品的质量下降了。然而，日益弱势的工会和被视为非专家的消费者协会会员们在观念斗争中节节败退。

7.3
"通货膨胀被高估了"的说法出现

7.3.1 社会技术条件

结账或扫描数据构成了一项彻底的技术创新，永久性地改变了物价指数的结构。它们提供了机会来构建一个纯粹基于微观经济学特征并具有实证基础的理论框架，非常适合巩固通货膨胀确实"是"被高估了的说法。

法国国家统计局分几个阶段实施该项目，最初是在2000年年末与大型零售商展开谈判。其中一些零售商同意进行谈判并对该系统进行测试，而另一些零售商对向政府提供数据仍持谨慎态度。从2012年起，法国国家统计局开始尝试与愿意合作的零售商合作。欧盟统计局在2017年发布了《超市扫描数据处理实用指南》（*Practical Guide for Processing Supermarket Scanner Data*），其中包括建立一个结账数据采集系统的建议。引入结账数据的法律条文也以2016年《数字法案》出台的形式具备了，该法案要求零售商必须将数据传输给法国国家统计局，否则将被罚款。这里发生的事情——这并不是什么新鲜事——是私人数据被迫公开提供给公共权威部门的事情。作为回报，提供数据的公司将获得"市场基准指数和数据分析，以交换提供的数据"（梅尔霍夫，2019）。正如我们在第5章中所看到的，数据公司不仅提供价格数据，而且提供消费者购买的数量数据，使指数设计者能够编制出接近生活成本指数（COLI）的数据。COLI 概括了产品之间的替代效应，以及与生活成本指数的密切联系，即消费者微观经济学中使用的不变效用指数。

从各方面考虑，每一个争议时期都使法国国家统计局有机会设法找到解决办法，以确保其公约的稳定性和保证其信誉。内部争论的高度技术性特征（梅尔霍夫，2019）意味着社会积极分子被排除在外，不一定是故意的，因为争论仅限于该领域内的专家；这与 20 世纪 50 年代至 70 年代的情况形成了鲜明对比，当时工会是争论的主要推动者，这也使他们能够维护自己的利益。

高技术性化与环境问题之间可以观察到某些相似之处。例如，爱丽丝·巴亚（Alice Baillat）指出，20 世纪 70 年代西方经济体所采取的环保措施的扩大化与“行政理性主义”相关，这一观点强调“环境问题的技术性质，因此只能由官方机构和科学精英来处理和解决（德雷泽克，1997）”（巴亚，2014）。

所有这些变化意味着，认知、政治和制度条件都已就绪，允许人们普遍接受“通胀被高估了”的说法。越来越多的央行发表了声明。美联储自 1996 年出版《博斯金报告》以来就接受了这一说法。瑞士国家银行（SNB）承认，CPI 的计算并没有充分考虑商品和服务质量的提升：“度量出来的通货膨胀往往略高于实际值（参见 https：//www. bilan. ch/economie/prix_les_chiffres_caches_de_l_inflation）同样，加拿大央行（Bank of Canada）在 2012 年发表文章称，加拿大的通胀被高估了（萨布兰，2012）。在 2015 年 12 月的 EcoFlash 报告中，私人银行巴黎银行（Paribas）的经济展望评论中也提到了这一声明，称“这一比率掩盖了对每年 1% 通胀的过高估计”。在 2017 年 5 月《法国央行公报》（法国国家银行的官方出版物）的一篇观点文章中，现任法国国家统计局局长让－吕克·塔维涅（Jean－Luc Tavernier）似乎也放弃了先前的局长们对大家的习惯性约束。他说，

“很多研究突出了生产力度量的问题，其有力的前提是物价被高估，而商品体量被低估了”（《法国央行公报》，2017 年 5 月）。看起来法国国家统计局已经准备好在功利主义框架的基础上，彻底向生活成本指数转换。

就其本身而言，法国国家统计局向基于纯粹功利主义框架的生活成本指数转换的条件已成熟，通过统计工具的推广，能够向成本指数构建的方向压低通货膨胀，因为编制新指数的每一个人都把通货膨胀“高估”当作既定事实，尽管还是有人在反对这一观点（布兰切特等，2018）。有人可能还会问，在这个框架内是否仍有一些人在呼吁权力，就像 20 世纪 70 年代法国国家统计局内部和外部的一些人所做的那样，“为了权力的影响，为了获得真理话语权”（福柯，1990：37）。

7.3.2　历史的钟摆："黄背心"效应

2018 年 11 月，一场暴力社会运动席卷法国各地。这场被称为“黄背心”运动的社会运动聚集了各行各业的人。这些工人中很多人的工资非常低，他们最初是为了抗议对燃料征收碳税，后来扩大到要求增加购买力。2018 年 12 月，法国政府出台了紧急经济和社会措施以提高低工资水平。2019 年和 2020 年进行的各种研究，试图分析关于家庭购买力的紧张讨论。有两项研究特别引起了法国媒体的关注。

其中一本是经济学家菲利普·赫林（Philippe Herlin）的著作，书名为《购买力：弥天大谎》。这本书直接涉及“黄背心”运动，旨在“解释”他们的看法与法国国家统计局官方数据之间的差距。为此，赫林提出了一套替代官方 CPI 的统计数据。这些替代性统计数据的基础是作者长期以来从邮购目录中采集的价格。作者对物价相对于国家最低工资的演变进行了历史性的重构，目的是证明官方统计数字大大低估了通货膨胀。他的证据集中在家用电器、服装、食品和汽车等消费品，以及 CPI 对住房成本的处理上。通过证明他得出结论，家庭购买力在过去 50 年里一直在急剧下降。

一年后，另一位经济学家伊曼纽尔·托德（Emmanuel Todd）重新审视了这一争议。他在专著《21 世纪法国的阶级斗争》第一部分提出了一个中心论点，认为生活水平在普遍下降，比不平等的加剧要明显得多。托德指出，法国国家统计局的数据并没有显示出来，生活水平的普遍下降与通货膨胀的低估有关，而通货膨胀反过来又导致生活水平被高估。这位作者认为，官方的通胀统计数字只不过是"空话"。两位作者都提出了相同的论点：他们挖掘了困扰通货膨胀度量数十年的争议，特别关注了两个因素：一个是质量效应，另一个是房价在物价指数中所占的份额。赫林和托德都特别对租金在物价指数中所占的低份额提出了质疑。因为在法国，有大约 40% 的家庭租房居住，是唯一需要支付"房租"的家庭，"房租"约占法国消费者支出的 22%，其物价指数的预算系数约为 8%，相对于住房成本对法国家庭施加的"压力"而言，这一比例较低。法国国家统计局声称，CPI 的目的并不是度量这种压力。这两位作者都清楚地意识到这样一个事实：经济指标是基于公约的，而公约本身就是冲突和权力斗争的产物。通过做出如此敌对的分析和替代指标，双方都卷入了权力斗争。

他们也为解决长久以来关于度量的争论作了贡献，这些争论都源于通胀度量的多重目的，即作为 GDP 平减指数的元素、度量家庭生活水平的因素、社会福利指数化的基准、工资增长的集体认知参照点等。新的争议让法国国家统计局不再闭门造车。一份来自总干事的信件和一份详细的批评备忘录指出了他们的许多错误和概念上的混淆之处。然而法国国家统计局正在着手一个新项目，并向公众开放博客，博客的第一篇博文就在论述不平等和购买力的问题。法国官方统计当局也于 2020 年 2 月发布了一份通知，向公众提醒法国国家统计局的独立性和编制指数的严谨性。

7.4 结论

关于通胀可能被高估或低估的争论会导致什么后果？在其历史上，不管是在法国还是在其他国家，物价指数总是夹在两种互相关联的争端之间：即一种围绕代表财富的公约（即生活成本概念所表达的意义），一种围绕财富分配的问题。

这个问题贯穿了该指数50年的历史，并且仍然困扰着不同利益群体。每个人都对“实际”物价指数有着不同的看法。

20世纪50年代，人们可以读到通胀“可能”被高估了的相关报道；自《博斯金报告》以来，这种过高估计已被量化，虽然受到质疑，但为其客观化奠定了基础。在一场关于可能的“经济长期停滞”的争论中，经济学家拉里·萨默斯（Larry Summers，曾与格林斯潘一起进行金融市场流动化的重要研究）将通胀被高估的观点摆上了桌面。在2015年的一次关于美国生产率放缓原因的讲座中，他提出了经济增长“度量方面的错误越来越多”的假设，并将原因归于对质量效应的低估。最近，菲利普·阿吉翁（Philippe Aghion，2017）等暗示某种“增长损失”，并归咎于对通胀的高估。他们的观点是基于对营销机构办事员A. 尼尔森汇编的结账数据库的分析。根据阿吉翁的说法，这种增长损失与官方统计系统未能将创新企业的质量增长考虑在内有关。此类声明现在已成为显然的事实，是50年来斗争的结果。诸如此类的想法正在形成，并在公开争论和文献中迅速传播（格罗生等，2017；阿哈迈德，施耐尔，2016），尤其是自从萨默斯和阿吉翁在学术“领域”占据关键位置之后。

随着时间的推移，在功利主义经济学的帮助和鼓动下，债权人的利益发生了明显变化，已经战胜了拿工资的工人的利益。功利主义经济学在各机构中占据了霸主地位，而工会对这些问题的影响力日渐下降。

主流经济学在呼吁其对“生活”及其成本的发言权，但他们的假设前提却不切实际。反对意见必须登场，包括来自官方统计机构内部的反对观点，以对公约派概念和生活成本问题继续展开争论（赫林，2018；托德，2020）。

参考文献

[1]阿卡多·J.“家庭预算”调查中等效量表的评估:实践的限制[D]. DSDS 论文,2005 - 3 - 18.

[2]阿吉翁·Ph. ,A. 贝尔若, T. 博帕德, P. 克莱诺,H. 李. 创造性破坏中的增长损失[Z]. 旧金山联邦储备银行,工作文件系列,2017,1.

[3]阿哈迈德·N. ,P. 施耐尔 . GDP 和生产力指标能否应对数字经济的挑战[J]. 国际生产力监测,2016,30:4 - 27.

[4]阿马特·M. 作为工程的经济科学:量化与建模[M]. 巴黎:巴黎矿业出版社,2010.

[5]巴亚·A. 公共环境政策的论述方法[EB/OL]. 2014,http://ceri - scope. sciences - po. fr/environnement/content/part4/pour - une - approche - discursive - des - politiques - publiques - environnementales.

[6]贝蒂·T. , E. R. 拉森. 使用恩格尔曲线估计加拿大居民消费者物价指数作为生活成本指数的偏差[J]. 加拿大经济研究杂志,2005,38(2):482 - 499.

[7]布兰切特·D. , M. - B 卡德尔, M. 雷克莱尔,R. 李, H. 庞塞特, N. 拉加什. 增长被低估了吗[Z]. 法国经济会计文件,巴黎:法国国家统计局,2018:59 - 79.

[8]布迪厄·P. 关于国家:法兰西学院的课程[Z]. 观点文章,2012.

[9]波伊尔·R. 资本主义政治经济学:控制理论及其危机[M]. 巴黎:发现出版社,2015.

[10]波伊尔·R.,J. –R. 豪林沃斯. 当代资本主义:制度的嵌入性[M]. 伦敦:剑桥大学出版社,1997.

[11]布罗代尔·F. 文明与资本主义:15—18 世纪[M]. 加州大学出版社,1992.

[12]布鲁诺·I., F. 雅尼–卡特里斯,B. 图克莱(Dir). 从大规模政治到目标驱动的政治:量化的社会科学[Z]. 施普林格,2016.

[13]克莱尔·M. –E., E. 库丁. CPI 反映了法国生活成本的演变? 恩格尔曲线分析提供了什么[Z]. 经济研究及综合摘要,G 2010/04,法国国家统计局工作文件,2010.

[14]达科斯塔. 1988—1994 年美国实际收入估算:用恩格尔曲线修正 CPI 偏差[J]. 政治经济学学报,2001,109:1288–1310.

[15]德罗西埃·A. 统计的论点,第一卷:量化的历史社会学,第二卷:数字统治[M]. 巴黎:巴黎矿业出版社,2008.

[16]德雷泽克·J. 地球的政治,环境的话语[M]. 牛津:牛津大学出版社,1997.

[17]福柯·M. 词与物[M]. 巴黎:伽利玛出版社,1990.

[18]富尔卡德·M. 经济学家与社会[M]. 北京:清华大学出版社,2009.

[19]加德雷·J. 服务:生产力问题[M]. 巴黎:德克莱·德布努尔出版社,1996.

[20]格拉韦尔·D. CPI 真的度量了生活成本吗[J]. 经济与统计,2010(433–434):101–105.

[21]格罗申·E. L.,B. C. 莫耶, A. M. 爱兹科比, R. 布莱德利,D. M. 弗里德曼. 政府统计如何调整数字技术时代质量变化和新产品的潜在

偏差:来自战壕里的观点[J]. 经济展望,2017,31(2):187 - 210.

[22]哈杰尔·M. ,F. 费雪,J. 佛瑞斯特. 话语联盟与实践的制度化:英国的酸雨案例. 政策分析与规划中的争论转向[M]. 杜伦与伦敦:杜克大学出版社,1993.

[23]汉密尔顿·B. W. 用恩格尔定律估计 CPI 偏差[J]. 美国经济评论,2001(91):619 - 630.

[24]赫林·Ph. 购买力:弥天大谎[M]. 巴黎:埃罗勒出版社,2018.

[25]贾桑诺夫·S. 知识的状态:科学与社会秩序的共同生产[Z]. 伦敦和纽约:劳特利奇,2004.

[26]梅尔霍夫·J. 现金数据和网络采集数据的价值链[J]. 经济学与统计,2019(509).

[27]萨布兰·P. 加拿大消费者价格指数的度量偏差:最新情况[Z]. 2012 年加拿大银行评论,2012.

[28]托德·E. 21 世纪法国的阶级斗争[M]. 巴黎:塞伊出版社,2020.

[29]特里普利特·J. ,B. 波茨沃斯. 美国服务业的生产率:经济增长的新来源[Z]. 布鲁金斯学会,2004.

结 语

A POLITICAL ECONOMY OF THE MEASUREMENT OF INFLATION THE CASE OF FRANCE

本书的目的是打开度量的“黑匣子”。为了分析统计数据的使用并赋予其充分的意义，在认知（学术研究）和实践（公共行动）领域，这一问题的研究有助于推动知识的进步。本书认为，官方宏观经济统计数据，尤其是 CPI，以及国内生产总值、失业率和债务，都受到政治因素的影响。这种影响体现在指标的构成条件和用途上。因此，物价指数的历史无法与以下几件大事分开：战后旨在提高购买力的公共政策、2000 年以来为了增加养老金领取者的购买力而提高实际利率、20 世纪 80 年代以来我们所经历的旨在提高竞争力的工资紧缩。两方面相互影响，相互作用，关系密切。

与 20 世纪 50 年代直接隶属政府管制和 70 年代法国国家统计局与劳工总联合会公开冲突不一样的是，关于用来度量通货膨胀的官方统计数据的争论现在相当谨慎，经常只限于专家之间，而且这些专家几乎都来自同一认知群体。法国国家统计局内部无声的争论也体现在代际分歧上。为了简化问题，法国国家统计局内许多在 70 年代受过培训的统计学家和经济学家，他们都保持了进行结构性分析的习惯，强调阶级之间的社会关系，并把围绕通货膨胀度量的政治问题视为显而易见的事实。这并不妨碍他们有能力提出倡议，但继续以条件反射的方式分析统计局所掌握的数据。年青一代中有一些人，接受了主流理论，并视之为天经地义。他们在解决该问题时寻求一种简单化的经济愿景，使用关于市场与纯粹价格的自发语言，且被认为是个人喜好与幸福真相的最终仲裁者。

各种争论脱离工会的轨道进入专门研究者的世界，而且经常超越法国国家统计局，无疑与工会的弱势和他们完全退出这场争论的决定有关。他们将重心转向其他社会问题，特别是关于工作和就业条件的问题。还有一部分原因在于公民社会与统计方法之间的数字鸿沟，连同大数据技术，都具有很高的技术含量，以及经济学本身的多元化倾向。我们无法不理解这些动态背后的理念：以通胀为目标的货币主义政策旨在降低消费者的通胀预期。为了能够估计这些预期的合理性，有关机构，特别是欧洲央行，需要一个公众完全有信心的指数。西尔弗（2006）非常明确地指出："如果公众对通胀的预期出错，生产和销售的商品的价格和数量都会受到影响。如果市场机制受到损害，经济将无法有效运转"（同上：4）。不断的创新和修订显然是为了平息争议（采用大规模零售指数以安抚勒克莱尔大卖场；采用个性化的物价指数以消除个人感知和集体总量之间差距的问题），并保持可信度。

就法国国家统计局而言，它一直致力于通过保持其会计和计量公约的稳定性来确保该机构的实力和健全性。尽管基于一篮子固定商品的拉斯佩尔指数的概念长期以来一直受到20世纪70年代以来引入的大量理论和实践创新的影响（链连接、微观指数的几何方法、特征价格分析法、标准产品、结账数据等），目前法国国家统计局在结账数据上投入精力，尝试在拉斯佩尔指数概念的基础上为大数据处理达成某种妥协。

经济增长和生产力提高的结果

我们在本书讨论的问题并不局限于CPI，而是所有基于交易量的指标。

毕竟，通货膨胀是GDP平减指数中的一个重要因素，一方面是经济增长（GDP总量演变）的直接指标，另一方面也是生产力增长（产出总量除以投入的演变）的直接指标。因此，围绕通胀度量的所有斗争、辩论和争议对这些宏观经济参数都有直接影响（雅尼－卡特里斯，2018）。大多数声称官方通胀被夸大的经济学家和专家同时也认为经济和生产率增长被按比例低估了。同样，那些认为官方统计数据明显低估通胀的人，也认为经济和生产率增长被夸大了。避开这场唇枪舌剑的争论（如此强调生活成本的度量比一篮子固定产品的度量的偏差小，这不是自相矛盾吗?），本书的关注点在于这些宏观经济指标的构成成分以及确保其合法性的各方力量。

物价指数的政治经济学提醒我们（如果有必要这样提醒的话），官方统计数字都是社会政治妥协的结果，统计数字的产生不可避免地会带来大量相互矛盾的解释。临时措施是官方统计数据的固有组成部分，帮助大家在不断变化的世界中保持稳定，这与宏观经济产出的自然严谨形成了鲜明对比，尽管宏观经济指数也是数据直接统计的结果。民主只能在这些相互矛盾的解释和具体的妥协中存在，这样每个人——不管是经济学家还是普通民众——都能在这些关乎重大公共利益的争论中，恰如其分地发挥自己的作用。

参考文献

[1]雅尼－卡特里斯·F. 物价指数计算和使用中的冲突——以法国为例[J]. 剑桥经济研究,2018,42(4):963－986.

[2]西尔弗·M. 核心通货膨胀指标及其选择中的统计问题[Z]. 国际货币基金组织工作文件,2006－04.

索 引

Y

译后记

A POLITICAL ECONOMY OF THE MEASUREMENT OF INFLATION
THE CASE OF FRANCE

弗洛朗丝·雅尼－卡特里斯（Florence Jany－Catrice）现任法国里尔大学（曾为法国里尔一大）经济学教授、里尔大学社会经济研究中心主任、西北大学经济管理学院兼职教授。她是政治经济学领域知名专家，现任法国政治经济学学会会长，法国调节学派三大分支之一“政治经济”流派的主要代表人物，在经济增长的测度领域成果卓著，近年来有大量成果聚焦于统计政策与量化社会科学领域。例如，已由西北大学经济管理学院组织翻译出版的《财富新指标》《总体绩效：资本主义新精神》《经济增长值得期待吗?》等著作，这些成果在国内政治经济学界产生了较大影响。

《通胀度量的政治经济学：基于法国案例的分析》是雅尼教授近期代表性著作之一。全书主要以法国为例，依据马克思主义理论，从政治经济学视角对通货膨胀度量问题进行分析。通货膨胀是重大的政治问题和社会经济问题，是描述一个国家整体经济状态的重要指标，也是货币当局制定货币政策的重要依据。因此，如何选择合适的指标来度量通货膨胀就显得尤为重要。现实中，人们通常只将用于度量通胀的 CPI 作为统计指标来简单看待，更多地关心 CPI 的大小变动情况，而很少去思考为什么选用 CPI

来度量通货膨胀、在度量过程中应该考虑哪些因素、哪些因素更重要、CPI能否客观公正地反映通货膨胀程度等问题。在《通胀度量的政治经济学》一书中，作者回答了上述问题，为我们打开了度量通货膨胀的“黑匣子”。

作者采用历史的、理论的、比较的方法来探索法国经济发展过程中通货膨胀度量的问题，客观地研究和看待通胀度量背后的数据逻辑、计算方法，以及度量方式演变过程中出现的新问题和矛盾，并对各经济学流派的基本思想以及各种经济行为可能产生影响的方式进行总结概括。全书的主要观点是：通货膨胀度量不是纯粹的经济现象（统计指标上的公约），还受政治关系和社会关系的影响（是政府进行调节的工具之一）。随之而来的政策启示在于，要规范政府行为，最大限度地减少政府的寻租行为，保持国家与市场之间良好的互动关系。

本书的创新之处在于，在继承马克思经济学核心的原理范畴和分析方法的同时，克服了马克思主义过于宏大和抽象的弱点，采用一系列细化的概念分析资本主义动态发展过程中出现的种种议题，为现代哲学社会科学提供了一套解释工具。通过本书的翻译出版，我们期望能够为系统理解资本主义的动态发展、促进中国特色社会主义政治经济学与国际研究领域的对接提供有益支持。

雅尼教授的专著能够翻译完成并出版，离不开各位专家学者的辛勤工作与帮助。首先，本书的翻译得到了雅尼教授本人的指导与帮助，因为本书原版为法文著作，经英文版译者安德鲁·威尔逊（Andrew Wilson）翻译之后，有些表达变得模糊，成为英译汉工作中的障碍。雅尼教授慷慨提供法文原文，有英、法两个版本参照之后，很多问题自然迎刃而解。其次，本书中政治经济学理论知识核心部分的翻译得到了西北大学经济管理学院副院长康蓉老师的悉心指导，还有青年教师段雨晨与我一同就本书中的许多概念和原理展开了多次讨论、反复推敲和求证，务必做到精准翻译。西北工业大学外国语学院、校学科建设办文美计划建设项目（21GH0311）课题组的同事们在我翻译本书期间有求必应，为本书解决了很多难点问题。我们学科专业语料库的语言服务平台正在筹建中，期待建成后能够译介更多的名家名作，为专业知识的传播做出外语人的贡献。最后，我还要感谢本书的责任编辑贺静以及中国经济出版社的其他同志们，是你们的共同努力才让本书最终顺利出版。

当然，由于时间、知识储备以及译者水平所限，本书的翻译难免有疏漏之处，恳请诸位学者和读者不吝指正。

易春芳

2022 年 10 月